迁移教/学译丛

丛书主编 盛群力 何珊云

Deconstructing Depth of Knowledge
A Method and Model for Deeper Teaching and Learning

解构知识深度
一种深入教学的方法与模型

埃里克·M.弗朗西斯 著
何珊云 张 阳 译
盛群力 审订

浙江科学技术出版社·杭州

版权所有　侵权必究

Deconstructing Depth of Knowledge: A Method and Model for Deeper Teaching and Learning / author: Erik M. Francis. Published by agreement with Solution Tree, Inc., through the Chinese Connection Agency, a division of Beijing XinGuang CanLan ShuKan Distribution Co., Ltd.

引进版图书合同登记号　浙江省版权局图字：11-2022-070

图书在版编目（CIP）数据

解构知识深度：一种深入教学的方法与模型 /（美）埃里克·M. 弗朗西斯著；何珊云，张阳译. — 杭州：浙江科学技术出版社，2025.3. —（迁移教/学译丛）.
ISBN 978-7-5739-1694-5

Ⅰ．G424.1

中国国家版本馆 CIP 数据核字第 20256EP618 号

丛 书 名　迁移教/学译丛
丛书主编　盛群力　何珊云
本册书名　解构知识深度：一种深入教学的方法与模型
著　　者　［美］埃里克·M. 弗朗西斯
译　　者　何珊云　张　阳
审　　订　盛群力

出版发行　浙江科学技术出版社
　　　　　杭州市拱墅区环城北路 177 号　邮政编码：310006
　　　　　　办公室电话：0571-85066396
　　　　　　销售部电话：0571-85064207
排　　版　杭州万方图书有限公司
印　　刷　浙江新华印刷技术有限公司

开　本	787mm×1092mm　1/16　　印　张　9.75
字　数	170 千字
版　次	2025 年 3 月第 1 版　　印　次　2025 年 3 月第 1 次印刷
书　号	ISBN 978-7-5739-1694-5　　定　价　48.00 元

责任编辑　曹梦洁　　　　　　　责任校对　李亚学
责任美编　金　晖　　　　　　　责任印务　叶文炀

如发现印、装问题，请与承印厂联系。电话：0571-85164359

致　谢

致我的妻子，苏西·弗朗西斯（Susie Francis）——感谢你的爱、支持和耐心，尤其是当我不断请教、询问你关于K-3年级学生如何展示或体验"知识深度"（Depth of Knowledge，以下简称"DOK"）的想法时，你才刚刚结束整整一天的一年级线上教学。你帮助我保持了正确看待事物的视角和乐观的心态。你一直提醒我要关注人们未来的需求，而不是执着于现在。你也提醒我有时间要放松一下，骑上Peloton①，去车库举重，或者刷刷你发现的电视剧。这一切都有助于我放松心情，并形成本书中的思想和策略。

致我的女儿，麦迪逊（Madison）和艾弗里（Avery）——你们两个都是一个父亲所能希望拥有的最好的女儿。这场新型冠状病毒感染疫情对你们两人来说既不容易也不公平——麦迪逊，你完成了学业；艾弗里，你在疫情期间开始了高中生涯。然而，你们都熬过了这段时光并茁壮成长，你们的韧性给我留下了深刻印象，也鼓舞了我。你们可以带着在教育和经历中学到的东西，利用自己的天赋和才能，创造不凡的事业。我为你们俩感到骄傲，也深深地爱你们。

感谢我的母亲朱莉娅·弗朗西斯（Julia Francis），您总是在我头脑风暴或遭遇写作障碍时静心倾听。您总是让我觉得我提出的每一个想法都很棒，您总是提醒我在感到沮丧或有压力时去夏尔郡（the Shire）。同时，感谢我的

---

① 这是美国流行的互动健身公司，其提供的硬件有跑步机、单车器械等。

教母温迪·拉特曼（Wendy Latman）在我的职业和个人方面的鼓励和支持。

我要感谢出版社（Solution Tree）的编辑艾米·鲁宾斯坦（Amy Rubenstein）帮助我构思了这本书，使"知识深度"这一概念清晰易懂。你引导我认识到应该说什么，意识到应该做出什么改变，并牢记"你可以把这些留待到另一本书"。此外，我要感谢来自澳大利亚的编辑艾丽莎·沃斯（Alissa Voss），你把关了这本书在语法上的正确性和清晰性，并鼓励我进一步阐述本书中的理念和策略。你们两位都提供了宝贵的反馈和建议，使这本书变得更好、更完善。

我还要感谢出版社出版了这本书。克劳迪娅·惠特利（Claudia Wheatley），感谢你把我介绍给出版社，感谢你欣赏我的想法和工作，感谢你相信我可以成为出版社的作者。道格拉斯·里夫（Douglas Rife），感谢你不仅同意出版此书，还让我在签署合同之前感到自己就是出版社团队中一名有价值的成员。杰夫·琼斯（Jeff Jones），感谢你每次在我们相遇时都抽出时间来交谈，并询问："你打算什么时候为我们写本书呢？"现在，书写好了，我很荣幸成为出版社的作者。

这本书的创作也为我提供了与同仁们巩固私人关系和提升专业能力的机会。比如汤姆·希尔克（Tom Hierck），一直鼓励我批判性地思考教育将如何改变，创造性地思考如何引领和促进这种变革，"把注意力/精力放在积极的方面，不要被黑洞吞噬"（这是2021年7月20日你发给我短信中的一句话）。还有宝拉·米克（Paula Maeker），总是花时间倾听我的观点并提出各种想法，肯定或挑战我的认知和思维，并提醒我关键在于如何做、如何运用"工作"为他人造福和服务。感谢你们两位的大力支持。

我还想感谢以下同事和朋友与我分享专业知识，并启发我广泛思考"知识深度"如何才能完成和支持他们的工作，包括：凯瑟琳·麦克奈特（Katherine McKnight）博士、理查德·卡什（Richard Cash）博士、杰米·卡斯特拉诺（Jaime Castellano）博士、约瑟夫·伦祖利（Joseph Renzulli）博士、里克·沃梅利（Rick Wormeli）、莎拉·克里斯托弗森（Sara Christopherson）、诺曼·韦伯（Norman Webb）博士、卡琳·赫斯（Karin Hess）博士。感谢你们教给我的一切，感谢你们的合作和支持。

致 谢

我要感谢以下学校领导为我提供了培训教师"知识深度"的机会:亚利桑那州凤凰城全船特许学校(All Aboard Charter School)的朗达·牛顿(Rhonda Newton);亚利桑那州凤凰城冠军学校(Champion Schools)的卡罗琳·索耶(Carolyn Sawyer);缅因州北部教育联合会(NMEC)执行董事克里斯托弗·哈利特(Christopher Hallett);亚利桑那州凤凰城亚利桑那自闭症特许学校的戴安娜·迪亚兹·哈里森(Diana Diaz-Harrison)和丽莎·朗(Lisa Long);亚利桑那州诺加莱斯市诺加莱斯联合学区的凯西·斯科特(Kathy Scott);俄亥俄州坎顿的顶峰学院坎顿小学的罗斯·莫格斯(Rose Mogus)、罗伯·豪塞尔(Rob Housel)和克里斯蒂·麦克德米特(Kristi McDermitt);泰来坦普(TeleTemps)私人有限公司董事兼ASCD驻新加坡和马来西亚秘书处主任科舒·卢拉(Koshu Lulla)。与这些教育者的合作,帮助我创造和形成了书中的思想和策略。

我还要感谢我的好朋友们,他们总是在倾听并提供意见和支持:加里·霍洛维茨(Gary Horowitz)、里克·杰特(Rick Jetter)博士、丽贝卡·科达(Rebecca Coda)、拉沃娜·罗斯(LaVonna Roth)、霍莉·库图里埃(Holly Couturier)博士、林恩·亨伍德(Lynne Henwood)、格雷格·沃尔科特(Greg Wolcott)、蒂·兰伯特(Tee Lambert)、迈克尔·布莱恩·莱恩(Michael Brien Lane)和布拉德·阿斯特罗夫斯基(Brad Astrowsky)。

最后,我把这本书献给我的父亲、我最好的朋友和我的英雄——弗雷德·弗朗西斯(Fred Francis)。他教给我终身学习的重要性和价值,教会我如何在各种知识深度层次上学习和生活——尤其是那些更深的层次,致力于让我理解和运用知识和技能来证明这一点,或鼓励我去追求更高层次的目标。

出版社(Solution Tree)想要感谢以下审阅者:

拉瑞莎·贝利(Larissa Bailey)	贝齐·福尔(Betsy Furr)
二年级教师	课程专家
宜人谷学区	瓦陶加县学校
贝特多夫,艾奥瓦州	布恩,北卡罗来纳州

解构知识深度
一种深入教学的方法与模型

詹恩·巴斯纳（Jenn Basner）
五年级教师
柏林社区学校
柏林，新泽西州

凯莉·希利亚德（Kelly Hilliard）
数学教师
麦昆高中
雷诺，内华达州

克里斯汀·格林纳格
（Kristin Grinager）
高中课程主管
苏福尔斯学区
苏福尔斯，南达科他州

哈莉·埃杰利
（Hallie Edgerly）
科学教师
阿德尔·德索托·明本中学
阿德尔，艾奥瓦州

克尔斯滕·布里特
（Kirsten Britt）
英语教师
诺沃克中学
诺沃克，艾奥瓦州

艾米·科钦斯帕格
（Amy Kochensparger）
科学教师
伊顿高中
伊顿，俄亥俄州

肯德拉·汉兹利克
（Kendra Hanzlik）
教学教练
大草原山小学
锡达拉皮兹，艾奥瓦州

詹娜·范希尔
（Jenna Fanshier）
六年级教师
赫斯顿中学
赫斯顿，堪萨斯州

保罗·坎塞利耶里
（Paul Cancellieri）
科学教师
罗尔斯维尔中学
罗尔斯维尔，北卡罗来纳州

艾琳·科瓦利克
（Erin Kowalik）
生物教师
詹姆斯·鲍伊高中
奥斯汀，得克萨斯州

梅根·尼科尔森
（Megan Nicholson）
四年级教师
富兰克林小学
洛根斯波特，印第安纳州

塔拉·里德（Tara Reed）
四年级教师
霍克小学
科林斯，得克萨斯州

博·瑞安（Bo Ryan）
校长
大哈特福德艺术学院中学
哈特福德，康涅狄格州

推介语

这是一本揭示了DOK框架真正内涵的重要著作。作者解读了该模型的神秘和被误解之处,并最终为教师在课堂上顺利开展教学活动提供了工具。这本书应该放在每一位教育工作者的案前,成为所有学生深化理解的指南。

——理查德·M.卡什(Richard M.Cash)

教育专家、作家

这本书把一个曾经神秘而难以捉摸的概念变得实用、易懂和可操作。书中明确探讨了知识深度的本质,它是什么以及不是什么,超越了理论和误解,为每一位教育工作者创建了一个清晰的实施框架,适用于任何学科和层次。埃里克·M.弗朗西斯不仅仅将本书的内容与当前的研究和教学法保持一致,且在书中一直传递这样一个信息:所有学生都可以实现高水平学习,而实现这一目标是教育工作者的责任。这本书,实际上向我们展示了达成这一愿景的途径与方法。

——宝拉·马耶克(Paula Maeker)

教育专家、"学习者中心"提倡者

本书给教师和教育管理者提供了一个成功应用知识深度于任何一个学生群体的蓝图。书中的表格、数据和模板解释了为什么它是一个很有价值的资源，丰富的示例也让概念易于理解。这本书的实操性使其适合于资深教师、熟手教师和新手教师。教育工作者翻阅任何章节，都能立即找到大量信息、示例和指导，以便与学生一起使用这些原则进行更深入的教学和学习。这本书是处于任何教学水平的教育工作者的必备品。

——杰米·卡斯特拉诺（Jaime Castellano）

佛罗里达大西洋大学教授

作者简介

埃里克·M.弗朗西斯，教育学硕士、文学硕士，专门从事精准认知的教学工作。埃里克从教25多年，曾担任过一线教师、学校管理人员、国家教育机构的教育项目专家和专业发展培训师。埃里克开设的"马弗里克教育"（Maverik Education），致力于开发和传递真实、以学生为中心的教育体验，提供专业发展和咨询服务。他的专业领域包括知识深度
（DOK）、质疑和探究、情境学习、差异化教学、个性化学习和人才培养。

埃里克在美国甚至国际上的K-12学校、大学和高等教育机构开展了大量的专业发展培训和研讨会。他曾在美国督导与课程开发协会（ASCD）、大学董事会、中等教育协会、全国天才儿童协会、国家教师中心和地区教育委员会等组织主办的国家、州和地区教育的学术研讨会上亮相。他在与学业有困难的学生、天才学生、英语学习者以及有特殊需要的学生的合作方面有着丰富经验。

埃里克是《提出好问题》的作者，他还被研究机构"全球大师"评为2019年全球三十位教育专业人士之一。

埃里克获得了北亚利桑那大学的教育领导力硕士学位，以及锡拉丘兹大学公共传播学院的电视、广播和电影制作与管理科学硕士学位。他还持有奥尔巴尼纽约州立大学的修辞学和传播学学士学位。

序 言

赫斯（K. Hess）[①]

像许多教师一样，我最初接触到布卢姆认知目标分类学，就将它作为我的课程中设计高阶思维的"黄金标准"。在20年后的20世纪90年代，我阅读了韦伯（N. Webb）的一致性研究白皮书，并在我合作参与的州标准和州评估中开始使用"知识深度"一词（Depth of Knowledge，以下简称DOK模型）。参与这项工作的许多教师来询问他们应该如何利用DOK模型来规划自己的教学。由于听到了许多积极的反馈，2008年我提交了第一篇论文，描述了如何利用DOK模型来规划精准的教学和评估。随后我收到的拒稿信中说，这个想法对大多数教育工作者没有用处。很庆幸我没有听那位编辑的建议，因为今天世界各国的测试开发人员、课程开发人员，尤其是一线教师，都在使用DOK模型来建立一系列与教学和评估内容相关的互动。然而，和许多教育框架的广泛使用一样，在应用DOK模型时经常会出现误解和错误，常见的误解之一是动词可以表示问题或任务的预期知识深度水平。

本书对此进行了讨论，以消除对DOK模型相关动词和"动词轮"的误解和过度简化，但我仍然在参加工作坊的教师中看到这种情况。作者首先为他的主张提供了一个历史背景，引用了其他知名教育家的工作，他们也撰写了很多关于精准的教学设计以及为什么单靠动词无法讲清全部内容的

[①] 赫斯是《认知精准矩阵》的作者，著有《促进深度学习的本地评估工具包》（*A Local Assessment Toolkit to Promote Deeper Learning*）、《基于能力的深度学习》（*Deeper Competency-Based Learning*）和《精准设计》（*Rigor by Design*）。

文章。然后他对DOK模型提出了更广义的观点，指出："应用DOK模型的教与学，不仅仅是一种促进精准教学、精准学习或精准评估的学术方法或模式。DOK模型也是培养和促进教学和学习的成长型心智模式。"引论结尾时提出一个挑战，希望读者能够接纳基于四个DOK模型原则的新心智模式。基于这四个原则的合作讨论可以建立一个分解DOK模型的基础，以便共同理解书中所呈现的策略是如何建构一种使用DOK模型的新心智模式。

本书的第一部分从解构DOK模型开始，融入并借鉴了许多备受尊敬的教育家的观点，以解开其他常见的误解——难度和认知要求之间的差异，以及认为DOK模型只是和布卢姆分类学一样的另一种分类学。这些讨论为开发和使用作者的DOK模块奠定了理论基础——DOK模块是一种可视化模型，描述了知识深度水平的命名性质和结构，将其视为"搭建模块"（building blocks）。每个DOK模块可用于明确标准、活动和评估任务要求的预期知识深度水平。本书其余部分提供了在课程规划中使用这些模块的具体示例，这些示例对教师尤其有用。作者在第一部分结尾时引入了一种方法，让教育工作者思考知识深度水平如何与建构多层次支持系统概念交叉互动，以实施教学、干预反应以及支持优秀学习者拓展学习，这一想法会在第四章进行深入探讨。第四章中提出的想法对大多数教育工作者来说都很新，肯定会引发关注，同时为学习者设定高学习要求的持续讨论。

本书的第二部分提供了具体的策略和大量的案例，展示了如何考虑不同类型思维（认知行为）和DOK模型之间的关系，分成三个子区域：教学重点、教学目标、DOK技能。这种设计方法为教育工作者提供了多个切入点——他们使用了其他方法来分解标准，这些标准可能不包括应用DOK模型的有用视角。最有用的是带有内容案例的设计工具，展示了同一个动词（认知行为）在不同的知识深度水平上如何使用——从而使提出的想法成为完整的循环——不仅仅是动词！

本书每章的结尾都会总结关键观点和问题，供读者共同反思、讨论和探索。这些问题没有"正确答案"。然而，随着学校逐渐形成使用DOK模型的新思维，这些问题可能有助于重构当前一些关于精准教学的理念和实践，所有学生都可以从中受益。

前　言

> 图表似乎只有一个用途，即如果有人使用一个动词，确认如何把它放到四个区域中。
>
> ——韦伯（N.Webb）

这个学术框架似乎是突然出现，其名为知识深度。它为21世纪的学校、教师和学生描绘了一个新焦点和目标，并在教育界受到广泛关注。然而，在20世纪90年代末，它最初是作为一致性（alignment）研究的标准引入的，而不是作为教学的学术概念。

它似乎提供了一种新的教学方法，一种开发、实施精准教学和提供学习经验的实践。但实际上，它是一种有关认知精准性的评估，而非一种教学方法。

它似乎是另一种分类学，对思维的复杂性进行了分类和测量。然而，知识深度并不是一种分类学，它也不是关于学生必须按照"动词"所呈现的认知行为。相反，它考虑了学生必须学习的知识的复杂性，以及学生必须理解和应用其学习的深度、广度和情境。

包括我在内的许多学者、作家、博客作者、教育工作者和演讲者等都试图解释知识深度是什么，以及它不是什么。如果你在网上搜索"Depth of Knowledge""DOK"或"'Webb'DOK"，你将获得超过7.5亿条的内容，具体数值取决于当天的情况。一些来源引用了韦伯（Webb，1997，1999）的研究成果，即将知识深度作为判断学业标准和评估之间一致性的标准，而其他来源则更多地引用了赫斯（K.Hess）的研究，她将韦伯的DOK与修订后的布卢姆教育目标分类相结合，以衡量标准和活动、项目和任务之间的认知精准（Carlock, Jones & Walkup，2009a，2009b）。大多数关于DOK的文献、演讲和培训都以"DOK轮"为特色。

DOK轮是许多试图以可视化方式呈现DOK模型的工具之一。这一工具之所以广为人知是因为它被纳入了共同核心州标准（Common Core State Standards，CCSS）的培训材料中。参加CCSS培训的人员被指导如何使用DOK轮来确定标准、活动和评估的认知要求。知识深度水平取决于标准、活动和评估项目的学习意图以及学习目标中所使用的动词。

然而DOK轮并不准确。

是的，你没看错。尽管DOK轮被广泛传播并使用，但它描述的DOK模型——特别是韦伯的知识深度水平——是不准确的。

你可能想知道为什么。DOK轮随处可见。在大学以及职业准备中、教学和考试培训标准中，都会提供DOK轮，它发布在州、郡、地区和地方的教育机构网站上，在许多文章、博客、演讲和网络研讨会中都有出现。如果在网上搜索"DOK"，最先出现的结果就是DOK轮。以DOK轮为特色的海报甚至引用韦伯等人的名字作为创作者。

但是，韦伯并没有创造DOK轮。事实上，他认为DOK轮具有误导性，并始终不鼓励使用（Walkup，2013）。如果你联系韦伯或其所在机构，你会被告知韦伯"没有创造DOK轮，且不认可它，也不认为它代表了四个维度"（Blackburn & Witzel，2018）。

那么，如果不是韦伯，是谁创造了DOK轮呢？没人确切知道。据韦伯的说法，他首次见到DOK轮是在2000年，当时他推动了佛罗里达州标准和评估的一致性研究。在交流会上，他还重申自己没有发明DOK轮，并告诉人们不要使用它。据推测，佛罗里达州的一位教育工作者将DOK轮传到了互联网上，以帮助学校和教师更好地理解这个概念。但这导致了更多的误解。

赫斯推测，DOK轮可能源于克拉克（B.Clark）的《成长中的天才》（*Growing Up Gifted*，1983）中布卢姆的分类系统轮。唯一不同的是，克拉克将认知行为动词分为五个轮辐，而DOK轮则分为四个轮辐。DOK轮还意味着一种学习体验，在学生展示自己在知识深度水平3或知识深度水平4的学习之前，必须从知识深度水平1或知识深度水平2开始。

DOK轮最大的问题是，它暗示着标准、活动和评估所要求的知识深度取决于学生将展示的思维类型，正如介绍其学习意图、学习目标或目标的

"动词"所定义的那样。这就是为什么如此多的教育者误解了DOK模型，误解了韦伯的知识深度水平是"布卢姆分类学"的另一种表征。

那么，你可能会问，DOK模型到底是什么？这本书阐述了我对DOK模型的理解以及知识深度水平如何作为一种方法与模型，指导教学过程的开发、传递和深化。它的灵感来自韦伯的一致性研究和赫斯的认知精准的概念。它不仅提供了一个确定标准、活动和评估需求的过程，还提供了一个关于如何评估和提升学生能力的决策，以使学生达到甚至超越年级水平或课程目标的要求。最重要的是，它通过实例和证据探讨、解释了教育工作者以及实践者如何规划和设计教学，为学生提供引人入胜的学习体验。这些体验具有学业精准性、社会和情感支持性，并对学生做出反馈。

DOK模型的四大原则

DOK模型已成为全球学校、教师和教育系统关注的重点和优先考虑的事项。然而，多年来，我们对DOK模型和韦伯的知识深度水平以许多方式进行了解读和重新解释，其中有一些更接近初衷，有些则不然。为了向韦伯和赫斯的杰出工作表达尊重和欣赏，我非常明确地说明这是我对DOK模型和知识深度水平的解释。尽管本书从他们的作品中汲取灵感，就像DOK本身一样，但本书提供了一个不同的、更深入的视角，来了解如何看待和使用DOK模型以及DOK水平。

我相信基于DOK模型的教与学不仅仅是一种促进精准教学、学习和评估的学术方法或模式，还可以是培养和促进教与学的成长型心智模式。教育者可以使用DOK模型来明确学习目标和要求。我们还可以使用DOK模型向学生展示并分享他们如何达到并超越个人目标和要求。

为了有效地运用这种心智模式，教师和学生都应首先认同DOK模型的四大原则。

- DOK模型的教学和测试，解决并评估学生在一系列知识深度水平上的学习，从而达到学习目标或其最具认知挑战性的目标所要求的知识深度。
- DOK模型的教学在学生的优势基础上进行分层、设计和实施，使他们能够达到并超越学习目标或其最具认知挑战性的目标所要求的知识深度。

- 期望并鼓励所有学生理解并运用学习，达到并超越学习目标或其最具认知挑战性的目标所要求的知识深度。
- 指导和支持所有学生在一系列知识深度水平上发展、展示和深化自己的学习，从而达到或超越学习目标或其最具认知挑战性的目标所要求的知识深度。

这些原则表明，基于DOK模型的教与学既是一种实践，也是一种哲学。如果学生要成功地在不同和更深的知识深度水平上理解和应用学习，那么教育工作者必须认同并坚持这些信念和原则。本书的后续章节将解释如何应用这些原则，并使用DOK模型开发和实施教学，设计学习过程，评估知识深度。

本书内容概要

本书分为两部分。第一部分包括第一章至第四章，介绍了理论信息，对DOK模型进行了解构以确保读者正确理解模型及其相关水平。第一章讨论了DOK模型到底是什么：一种看待教学和学习的不同和更深入的方式。它解释了DOK模型是如何超越动词描述来确认学生在学习什么，以及他们必须展示何种深度的学习。它将韦伯的DOK水平与教育工作者用来规划和提供教学与评估的其他认知框架区分开来。第一章还介绍了我创建的DOK模型，这是一个图形，它不仅表明了标准的要求，还告知了学生应该了解的教学内容和强度。第二章至第四章重点介绍了DOK模型如何成为教与学的方法、模型和思维方式。第二章描述了每个DOK水平的教学重点和教学目标。第三章解释了DOK模型如何加强和支持标准确立、评估、教学、学习和课程。第四章展示了教师如何使用知识深度水平作为一个多层次的支持系统用于实施教学、干预反应和拓展学生学习。每一章都以理解DOK模型的反思问题作为结束。这些问题促使你战略性地思考如何将DOK模型应用到自己的教育领域中。

第二部分为第五章至第九章，侧重于应用DOK模型，解释如何规划和提供教学过程。第五章展示了如何解构标准中的学习目标，以确定其教学重点和教学目标。第六章讨论了学生必须表现的心理加工过程或必须提供的回应来确定知识深度水平任务的要求。第七章展示了如何将标准中的学习目标拆解为单元和课时的知识深度学习目标，以及教学活动和评估的知识深度成功标准。第八章阐述了如何提出好的问题，这些问题将促使学生在不同和更深的知识深度水平上进行反思和回答。最后，第九章将知识深度水平的目标与几种类型的电视节目形式进行了比较。它还说明了教师如何模拟此类电视节目的形式，为学生在每个知识深度水平上设计教学过程。第二部分中的每个章节结尾都是专业发展活动，这些活动鼓励你广泛思考如何运用DOK模型：具体来说，如何开发和实施教学，设计教学过程，要求学生在不同和更深层次知识深度水平上理解和应用学习。

本书适读对象

我写这本书的目的是解释K-12教育者如何建设性和创造性地运用DOK模型和知识深度水平来开发和实施更深层次的教学。我认为这本书是我的DOK 4，因为它鼓励我进行广泛思考、探索，用案例和证据解释DOK模型和知识深度水平如何被用作提高学生表现和教师效能的方法与模式。

如果你是一名课堂教师或教学专家，你将认识到每个知识深度水平的教学目标和要求。你还将认识到如何利用知识深度水平来规划和提供学术上的精准、社会和情感上的支持以及学生及时反馈的教育体验。

如果你是一名教学管理者，你将认识到基于DOK模型的教学过程是什么样的。你也会意识到你可能会把知识深度水平作为一种资源使用，通过区分和强化基于标准的要求、学生的优势和成功，从而引导和支持教师教学。

如果你是国家、州或地方教育机构的标准或评估专家，你将认识到知识深度如何成为一致性研究的标准，认识到如何使用知识深度水平对不同年级的要求和评估的认知要求进行分类和比较，并确定其一致性的程度——或者是韦伯所说的DOK一致性。

如果你是一名课程或评估设计师，你会认识到知识深度水平是由任务的要求、学生必须具备的心理加工技能以及必须提供的回应来定义的。你还将意识到如何使用知识深度水平创建需要学生发展、展示和深化其知识和技能的活动、项目和任务。

然而，知己知彼是成功的一半。在阅读本书时，请记住这一点，并考虑如何真正理解和利用DOK模型来提高和改善学生、教师、学校的表现和潜力。

目　录

致　谢

推介语

作者简介

序　言

前　言

第一部分　理解知识深度

第一章　知识深度到底是什么 ·· 2
　　解构知识深度 ··· 4
　　总　结 ·· 14
　　理解知识深度 ·· 15

第二章　基于DOK模型的教学过程 ·································· 16
　　如何开发基于DOK模型的教学过程 ·································· 16
　　总　结 ·· 31
　　理解知识深度 ·· 31

· 1 ·

第三章　如何开发与实施基于DOK模型的教学过程 ·········· 32

如何规划和提供基于DOK模型的教学过程 ················ 32

总　　结 ·· 42

理解知识深度 ··· 43

第四章　知识深度水平如何作为多层次的支持系统 ·········· 44

如何将基于DOK模型的教学过程分层 ······················ 44

总　　结 ·· 53

理解知识深度 ··· 54

第二部分　应用知识深度

第五章　如何为知识深度解构学习目标 ·························· 56

如何通过解构学习目标来确定知识深度的要求 ············ 56

检查学习目标的表述方式 ····································· 63

总　　结 ·· 66

应用知识深度 ··· 67

附：解构学习目标的知识深度列表 ·························· 68

第六章　如何确定任务要求的知识深度水平 ···················· 69

如何确定知识深度水平 ·· 69

如果学习目标包含多个子目标如何处理 ····················· 73

如果知识深度水平难以确定如何处理 ······················· 75

如何把DOK描述指标用作一种检查和调整的系统 ········ 76

总　　结 ·· 78

应用知识深度 ··· 79

附：确定学习目标的知识深度水平 ·························· 80

第七章　如何建构DOK学习目标和成功标准·················81

　　如何制订教学计划·················81

　　总　　结·················93

　　应用知识深度·················94

　　附：DOK学习目标表·················96

　　附：DOK教学计划表·················96

第八章　如何基于DOK模型提出和使用好问题·················97

　　如何理解和应用好问题·················97

　　总　　结·················107

　　应用知识深度·················107

　　附：从目标到标准再到问题·················108

第九章　让我们一起来应用DOK模型·················109

　　DOK 1：问答秀·················109

　　DOK 2：教学节目和DIY视频·················110

　　DOK 3：基于技能的真人秀比赛和圆桌讨论·················110

　　DOK 4：商业和专业真人秀·················112

　　总　　结·················114

　　应用知识深度·················114

参考文献·················115

后　　记·················125

译后记·················129

― 第一部分 ―

理解知识深度

第一章
知识深度到底是什么

假设你正在设计某年级一个单元或课程，需要选择实施和评估的标准。通过解读标准，你能够确定学生必须知道什么、能够做什么。根据洛林·安德森（L. Anderson, 2003）的观点，"重要的名词和名词短语"表明了学生将要学习的关键概念和内容，而动词则表示学生将要发展的技能。名词和动词被罗伯特·梅格（Robert Mager, 1997）称为"表现"，指"学习者被期待所应该具备的能力"。

学习分类学根据思维类型的复杂程度进行分类，你可以在学习分类学中查看动词——或认知行为所处的位置。也许你会使用布卢姆（B. Bloom, 1956）开发的《教育目标分类学》，或者安德森和克拉斯沃（D. Krathwohl）2001年的修订版。也许你会参考约翰·比格斯等人的《可观察学习结果的结构（SOLO）分类学》（Biggs & Collis, 1982），威金斯和麦克泰的《理解的六个维度》（G. Wiggins & J. McTighe, 2005），科斯塔等人的《提问的层次》（Costa & Kallick, 2008），马扎诺等人的《教育目标分类学》（Marzano & Kendall, 2007），或芬克的《意义学习分类学》（L. Dee Fink, 2013）。动词分类等级越高，根据分类学的逻辑，预期的学习目标就越复杂。这些分类的层次前后相继，这表明教学和测试必须在学生表露出更高层次的思维前，处理和评估他们在较低层次思维上的学习：

- 学生必须知道和能够应用的观点、信息的复杂程度及数量。
- 学生必须获得和掌握先决知识以理解观念。
- 所需的推理深度。
- 在不同情境下迁移学习的能力。
- 运用表征的数量和种类。
- 回答问题、解决问题、完成任务、分析文本或主题所需的持续性努力。

为了明确标准、活动和评估所需的知识深度，我们需要考察并阐明以下内容：

• 学生必须学习的学科知识有多复杂？
• 情境要求学生在多深的层次上理解和应用知识、思维？

对这些问题的回答将决定以下认知要求：

• 学生必须完成的活动、项目或任务（DOK任务）。
• 学生必须表现的特定的认知过程（DOK技能）。
• 学生必须提供的反馈（DOK回应）。

我已经开发出了确定标准、活动和评估所需知识深度的过程。在本书的第二部分，我将进一步阐述这个过程。然而，在开始这个过程之前，我们需要了解什么是知识深度，以及它是如何从一致性研究的标准，发展到认知精准的衡量标准，再成为阐释教与学观点的方法与模型。无论如何呈现或描述，理解和运用知识深度这种学术概念和框架需要把握四个重要的问题：

①知识深度需要超越以往用来描述学习目标的动词。
②知识深度是一种较高的教学要求，但它不一定是高难度的。
③韦伯的知识深度水平不是一种分类学。
④知识深度水平对学生理解、应用所学方法的程度进行分类和描述。

以下各节将详细阐述这些要点。

但是，学生必须学习哪些学科知识？这些条件和标准（或情境）要求学生理解和应用知识、思维的程度有多深？

为了确认这一点，我们需要查看标准中的学习目标或个人目标的初始认知行为动词之后的所有词语和短语。这些词语和短语对学生必须有多深入地理解和使用所学来回答问题、解决问题、完成任务或分析文本及主题进行了确切的说明。根据韦伯（Webb，1999）提出的知识深度水平，它们还决定了认知要求的水平，或者说是知识的深度。

然而，为什么明确所需的知识深度需要超越学习目标所用的动词？知识深度如何基于要求而非难度？知识深度水平如何定义学生理解和使用所学的四种不同的、更深层次的方式或情境？知识深度和知识深度水平如何用来确定标准、活动和评估之间的一致性程度？如何用来衡量课程活动或测验项目的认知精确性？如何将其作为一种教学方法、模型和思维方式？

为了回答这些问题，本章首先定义了知识深度，并解释了为什么知识深度要求超越思维的类型和复杂程度，或者说超越学生将展现的"动词"。本章强调，尽管DOK模型的教学要求很高，但并不困难。接下来，本章解释了什么是知识深度水平，为什么它们不是分类学。最后，引入了一个新的视角——DOK模块，它不仅描述了知识深度水平的主导性质和结构，还描述了如何在不同的知识深度水平上开发和提供教学过程。

解构知识深度

知识深度与以往看待标准、活动和评估的方式不同且更深入。它是一种资源和工具，"让教育工作者就标准、学习目标、任务、提示、问题等内容的复杂性进行有效、一致和高效的沟通"（Webb，2019）。它还提供了一个清晰、连贯的语言系统，让教育工作者和学生都能够理解并将其用于考虑、确认与交流标准、活动和评估项目的认知要求。

知识深度水平的要求会根据一些因素的变化而变化，这些因素包括（Webb，1997）：

知识深度要求超越动词

对知识深度的一个常见误解是它指向学生将展现的思维类型。如DOK轮，它表明所需的知识深度可以通过使用或改变动词来提高或降低。

动词有什么问题吗？当然没有——如果你是为不同思维水平进行教学和测验的话。然而，动词并不能描述学生将要学习的学科知识的复杂性。它们也没有详细说明学生在特定背景下必须表现出的学习深度和广度。相反，它们表明学生在回答问题、解决问题或完成任务中所展现的思维类型或认知行为。例如：

• "用整数的数位和运算性质解释加减法策略为什么有效。"（CCSS.Math-Content.2.NBT.B.9；National Governors Association Center for Best Practices & Council of Chief State School Officers［NGA & CCSSO］，2010a）

• "解释如何通过文本结构的使用来帮助作者达到写作目的。"（TEKS.ELA.4.10.B；Texas Education Agency，2011）

• "运用物质的粒子理论，解释固体、液体和气体在密度上的差异。"（Ontario.Science.8.ULS.3.4；Ontario Ministry of Education，2007）

• "解释人们当下的观念如何影响人们对历史事件的解读。"(C3.D2.His.7.9-12；National Council for the Social Studies，2013)

• "解释在所学外语和母语中，单词结构（派生、前缀、后缀等）间的异同。"(AERO.4.1.G5.c；Project AERO，2018)

• "解释展示方式、位置以及与艺术品的互动体验如何影响人们对艺术品的感知。"(NCAS.VA: Re.7.1.7a；State Education Agency Directors of Arts Education，2014)

• "解释音乐结构、音乐元素的使用和社会文化背景是如何影响听众对音乐的感受的。"(NCAS.MU: Re7.2.4；State Education Agency Directors of Arts Education，2014)

• "解释在体育活动中人体各系统是如何相互协作的。"(S3.M14.8；SHAPE America，2013)

• "解释民法和刑法的区别。"(ACHCK064；Department of Education, Skills, and Employment，2015)

• "解释早期新加坡（淡马锡）作为贸易港口在时代变迁中兴衰的原因。"(Singapore MOE.History.Lower Secondary.1.2；Ministry of Education Singapore，2021)

每个年级的标准都要求学生进行解释，这体现了学生需要展示的思维类型或认知行为。但学生在解释学科知识时，要达到何种复杂性程度？学生又该如何深入地解释内容知识？这些动词都没有具体说明这一点。

认知行为动词也是抽象的，具有多重含义，这使得其需求层次难以界定。例如，当要求学生解释时，这可能意味着他们需要提供详细信息、用自己的话清晰表达、解释原因、建立联系或展示关系，或同时做到以上所有！韦伯（1999）指出，动词"可以用不同的方式来解释，这使它定义一个具体的知识深度水平变得复杂"。这需要进一步明确动词，以确定学习目标要求学生展示的学习深度和广度。

我们可以查看认知行为动词在学习分类法中的归类情况，这就是我们传统上衡量标准、活动和评估的复杂性与质量的方式。然而，学习分类学的问题是"许多动词出现在多个层次，并且没有清楚地阐明分类学隐含的预期复杂性"(Hess et al.，2009a)。例如，修订后的布卢姆教育目标分类法将"解释"列在"记忆、理解、分析和评价"的认知水平下(Anderson & Krathwohl，2001)，而马扎诺的教育目标分类学(Marzano & Kendall，2007)将"解释"以不同的形式列在"理解和分析"的层次下。动词的复杂程度也取决于所使用的分类学。例如，在修订后的布卢姆教育目标分类中，"解释"是"理解"层次下的最高子类，而威金斯和麦克泰（Wiggins & McTighe，2005）的《理解的六个维度》中，"解释"是学生能够展现的基本理解水平。SOLO分类学（Biggs & Collis，1982）则将"解释"列在四个层次中的第三个层次——"关联结构层次"之下。

认知行为动词还有安德森和克拉斯沃（Anderson & Krathwohl，2001）所说的替代名称，这些动词试图说明学生所必备的心理认知过程技能，但某些动词可能是宽泛或模糊的，复杂性也各异。例如，马扎诺等人（Marzano & Simms，2013；Marzano, Rogers & Simms，2015）在分析大学和职业准备标准时，确定了18个与"解释"同义的动词。这些动词包括解释、回答、阐明、澄清、传达、描述、表达、引导、指示、叙述、总结和综合——所有认知行为的复杂程度并不相同。即使我们用这些动词中的一个来替代"解释"，仅凭该动词不足以确定学生需要学习的学科知识的复杂性，也无法确定他们需要展示的学习情境。

学生需要展现出的具体的心理加工技能也取决于正在学习的学科知识的类型。例如，在解释一个高度注重细节或依赖文本的主题中，某些内容可能会要求学生回忆或使用知识作为证据，并进行不同层次的推理。在解释一个更程序化的内容领域时，可能会要求学生应用概念、知识和技能来策略性地进行思考。修订后的布卢姆教育目标分类在不同层次下列出多个认知行为动词以应对不同内容领域对学生特定认知过程技能的要求。

根据动词判断标准、活动和评估的复杂性或质量不一定是错误的。事实上，韦伯认为某些认知行为动词是作为表达某种认知要求或知识深度的关键词汇。但他同时强调，在"没有更深入地阐明动词的潜在意图"的情况下，不应定义知识深度的水平（Webb，1999）。这种意图通过动词后的词汇和短语来明确，从而使学习目的或目标陈述更加完整。这就是在明确标准、活动和评估的认知要求时，要考虑的知识深度因素。

知识深度是一种要求，而非难度

知识深度不是基于学生将学习的内容量或展示学习的质量，那是项目或任务的难度，不是认知要求。表1.1显示了难度和要求（知识深度）之间的差异。

表1.1 难度和要求(知识深度)的对比

项目或任务难度	认知要求(知识深度)
•项目或任务有多容易或困难？ •学生完成项目或任务需要花费多少时间和精力？ •学生必须在特定时间内正确完成多少项目或任务？ •学生对自己正确完成项目或任务的能力有多自信？ •对特定的或一系列的项目或任务，做出正确反应的学生百分比是多少？	•项目或任务有多简单或多复杂？ •学生必须学习的内容知识的复杂程度如何？ •在特定情况下，学生必须在多大程度上展示自己的学习成果？ •学生必须完成的任务要求具体是什么？ •学生必须执行的特定的心理加工过程的要求是什么样的？ •学生必须提供的回答应该满足哪些标准？

难度是主观的，一个学生可能觉得难的事情对另一个学生来说相对容易。难度也是动态变化，随着学生对某个主题越来越熟悉，项目或任务会变得容易起来。如果教师延长时间或减少任务量，也可以使其变得更容易。学生可以从一开始将复杂的活动、项目或任务视为是困难的，但是随着知识和技能的发展与深化，这些任务就变得简单起来了。学生对内容越来越熟悉，标准、活动和评估的要求却保持不变。

在难度和要求之间没有一一对应的关系。例如，一项活动或评估可能在认知要求上程度较低，因为它只要求学生回忆知识或按照程序正确回答问题。但是难度可能取决于多种因素，如学生必须完成的活动量、可用时间，或者他们对文本、主题或技巧的理解程度。相反，学生可能会被分配一项复杂而单一的任务，但由于他们有足够的时间，或认为自己具备能够成功执行任务所需的心理认知能力，这个任务就变得容易了。

明确标准、活动和评估所要求的知识深度不能以学生的学习量为基础，要考虑学生到底需要学什么，以及必须在何种程度上呈现学习。在特定的情境下，学生越广泛地理解和应用知识与技能，就越需要更深的知识深度。

韦伯的知识深度水平不是另一种分类法

知识深度的特色在于其是一个分类的模型，它对学生在学习中能够理解和使用的不同情境或水平进行了分类。表1.2概述了四个知识深度水平的标准。它包括了韦伯与佛罗里达州教育部门(2008)共同开发的认知复杂性深度模型，用于确定佛罗里达州标准和评估的认知要求。佛罗里达州的DOK模型由三级而非四级组成，它将DOK 3和DOK 4合并为一级，还将标准和评估的认知要求编码为低(DOK 1)、中(DOK 2)、高(DOK 3

或DOK 4)。我添加了"拓展"这一衡量标准来描述DOK 4的标准、活动和评估的认知要求。我还创建了DOK描述指标，旨在明确学生必须完成的任务要求、必须执行的心理认知过程、必须提供的反应类型以及对学生的目标和期望。这些描述指标不仅提供了用来思考和交流标准、活动和评估所要求的知识深度的语言工具，而且描述指标还阐明了学生在DOK教学过程中，必须理解和应用的知识的具体内容与深度（我们将在第六章深入研究这些DOK描述指标）。

表1.2 知识深度水平的标准

DOK水平	认知要求	学生必须完成的任务要求	学生必须展现的心理认知过程	学生必须提供的回应	对学生的要求
DOK 1（回忆）	低	仅包括事实 仅仅完成任务	回忆知识 回忆怎样做	正确回答	回答
DOK 2（技能或概念）	中	• 展示、分享或总结 • 理解和沟通 • 具体说明和解释 • 给出正例和反例	• 应用知识、概念或技能 • 运用信息和基本推理	用实例证实和说明	应用与说明
DOK 3（策略性思考）	高	• 深度探究 • 探究和调查 • 批判性思维 • 解决问题 • 创造性思维 • 用证据辩护、证明或反驳 • 联系、确认、总结、思考或批评	• 策略性思考 • 运用证据支持复杂性推理	检查并用证据进行解释	应用与证实
DOK 4（拓展性思考）	拓展	• 深入研究一个学科领域 • 深入文本和主题 • 深入整个课程 • 走出课堂	• 运用专业能力支持拓展性推理 • 全面思考	用例子和证据进行探索和说明（在很长一段时间内）	行动

韦伯的知识深度水平并不能作为一种分类法，它们并非前后相继。韦伯称这些水平为主体特征，描述学生在教学过程中理解和使用知识与技能的四种不同、更深层次的方式（Webb，2002）。他还澄清了知识深度水平是类别，而不是分类或度量系统（Webb，

2002；Webb，2015a-c；Webb，2019）。知识深度水平用于定义和指定标准、活动和评估项目的具体要求。它们还描述了学生可以应用、联系、表达或迁移学习的范围和深度。

韦伯的知识深度水平并不考虑标准、活动和评估的难度。学生可能会发现，达到DOK 1的学习目标是更困难的，因为这需要他们回忆起大量的信息或运用程序来做出正确的回答。然而一旦学生获得和发展了成功所需的内容知识，进行策略性思考（DOK 3水平）或拓展性思考（DOK 4水平）的项目或任务相对来说会变得容易。学生不需要从一个较低的知识深度水平开始逐步提升更高的层次。教育工作者应鼓励和支持学生在达到或超越标准、活动或项目评估所要求的知识深度水平时展示自己的学习。我们不应认为一个知识深度水平比另一个更好或更理想。在学生学习、发展和呈现的过程中，每个知识深度水平都提供了重要的作用。

韦伯的知识深度水平并不局限于年龄或年级，学生可以在任何知识深度水平上展示自己的学习。例如，教师可以鼓励学龄前儿童在DOK 3水平进行策略性思考，或者在DOK 4水平进行拓展性思考。研究生可能仅需要在DOK 1水平回顾知识或执行任务。学生的能力、年龄或年级不应该是限制他们在任一DOK水平理解或应用所学的因素。

以下部分详细说明了如何使用韦伯的知识深度水平，并介绍了DOK模块和我创建的模型，该模型将知识深度水平转化为教师可以用来规划和提供教学过程的多层次、易访问的系统。

如何使用知识深度水平

知识深度和韦伯的知识深度水平最初并非作为教学和学习的学术概念或框架而设计。韦伯最初将知识深度作为分析期望（标准）和评估之间内容重点是否一致的六个标准之一（Webb，1997）。根据韦伯的研究，"如果从学生那里获得的评估和标准中对学生认知要求是一样的"（Webb，1999），那么标准和评估是统一的。他最初开发了知识深度水平作为一种编码系统，供教师和测试编制人员用于分类和比较年级标准与评估活动、试题或任务之间的一致性水平，即知识深度一致性。

表1.3是对韦伯知识深度一致性量表的改编。我在其中增加了评分机制，用于评估那些要求学生超越标准中的学习目标或其最高认知要求的知识深度水平的活动、试题和任务。根据韦伯的观点，学业表现要求和评估在认知复杂性上的一致性是至关重要的，如果两者在认知上都是简单或复杂，那么它们在知识深度上就会完全一致。期望和评估间的一致性程度取决于期望的具体程度（Webb，1997）。因此，知识深度的评估不仅局

于初始认知行为动词，还要考虑动词之外的词汇和短语，以验证学生必须理解和使用其学习内容的确切程度。

表1.3　一致性研究的DOK统一标准

不足	活动、项目或任务只针对标准中的教学重点进行了解决和评估，但未达到其学习目标认知复杂度或需求水平
完整	活动、项目或任务完全实施和评估了关于标准中的学习目标，或是解决标准中学习目标最主要的认知要求
可接受	活动、项目或任务实施和评估了标准中至少50%的学习目标，要求学生以标准以下至少一个知识深度来展示自己的学习
超越	活动、项目或任务要求学生证明自己的学习超越了标准、学习目标和目标的知识深度水平

与知识深度水平一样，知识深度的一致性程度也不代表价值判断。所有处理或评估某一标准的活动、项目和任务——无论其知识深度水平如何——在教育和评估学生方面都发挥着重要作用。它为衡量学生学习的深度和广度提供了一个准确而真实的标准。因此，即使是那些被认为是不可接受的或不符合标准的活动、项目或任务，也不应该被怀疑和忽视。同样，某项活动、项目或任务超出了标准中的知识深度水平，学生在尝试时遇到困难，也不应该因为不能完成而受到批评或惩罚。

教育工作者也可以使用知识深度水平来衡量标准、活动和评估项目的认知精准度。"认知精准"是由卡琳·赫斯提出的学术概念，她将韦伯的DOK水平与修订后的布卢姆教育目标分类结合，并以矩阵形式呈现，以区分两种学术框架之间的差异。这形成了赫斯认知精准矩阵（Cognitive Rigor Matrix，CRM），它是一种资源和工具，旨在帮助教师将认知要求应用到课堂上，并指导试题开发者设计和调整测试题目和表现任务（Hess，2018）。

表1.4是赫斯认知精准矩阵的一个实例。矩阵的行表明了教师期望学生按照修订后的布卢姆教育目标分类所展现的思维水平。矩阵的列指定了教师期望学生根据韦伯的知识深度水平展示的学习深度和程度。在赫斯认知精准矩阵中，可以根据学习目的或任务的位置编码其认知精准度。例如，表1.4中描述的所有学习目标都放在矩阵的第二行，因为在修订后的布卢姆教育目标分类中，"解释"是"理解"水平下的一个子类别（Anderson & Krathwohl，2001），因此，它们都被编码为BLOOM2。每个学习目标所要求的知识深度水平取决于其所在的纵列。

表1.4　赫斯CRM示例

修订后的布卢姆教育目标分类	韦伯的知识深度水平			
	DOK 1 回忆和重现	DOK 2 概念、技能或基本推理	DOK 3 策略性思维或复杂推理	DOK 4 拓展性思维和推理
记忆				
理解		运用物质的粒子理论,解释固体、液体和气体在密度上的差异(BLOOM 2, DOK 2)	用整数的数位和运算性质解释加减法策略为什么有效(BLOOM 2, DOK 3)	解释人们当下的观念如何影响人们对历史事件的解读(BLOOM 2, DOK 4)
应用				
分析				
评价				
创造				

来源:改编自Hess, 2005b.

请注意,赫斯的认知精准矩阵中,一些框的颜色变深了,这表示某些认知行为并不要求学生在特定情境中理解或应用学科知识。例如,期望学生进行记忆的学习目标和任务不会要求他们展示超过DOK 1的学习。相反,期望学生进行评价的学习目标和任务将要求他们进行策略性思维(DOK 3)或拓展性思维(DOK 4)。重要的是,我们认识到:学科知识和情境的复杂性决定了学习目标或任务在赫斯认知精准矩阵中所处列的位置。

要标记和衡量标准、活动和评估的认知精准度,首先要确定期望学生展示的学习目标的思维类型,以及它在修订后的布卢姆教育目标分类中的水平,这决定了它在矩阵中行的位置。然后根据学习目标动词后面的词汇和短语,来核实学生必须理解和应用的学习内容的深度。这指定了知识深度水平,并决定它在矩阵中所处列的位置。根据赫斯认知精准矩阵和知识深度水平中布卢姆"行"的编号,对认知精准度进行编码。

赫斯还建议使用知识深度水平建立评估的上限和范围,特别是在标准化的评估中(Hess, 2005a, 2006, 2018)。标准要求的知识深度水平确立了评估的上限。上限是评估特定标准的测试项目能够并且应该要求学生展现他们学习的最深层次。然而,赫斯提醒到,不要仅在知识深度的评估上限测试学生,也不要将知识深度水平视为测试目标,这样做可能会让学生觉得评估过于困难（Hess, 2018）。它也可能掩盖关于学生学习深度和广度以及可能存在的差距的重要信息。建议测试项目中评估学生在DOK水平范围内的学习情况，直到达到DOK设定的评估上限。例如，如果标准是DOK 3，评估应该包含在该DOK水平及其以上水平的测试项目，以确保评估的公平性与平衡性，同时帮助识别学生的优势和缩小学习中的差距。

虽然知识深度水平可以用来确定评估上限和范围，但它不应用作评估学生表现或掌握程度的唯一标准。许多等级和掌握度量表使用字母或四分制来呈现学生的表现。但是DOK 4水平不等同于4分或A级，DOK 1水平也不对应1分或D级。达到所要求的知识深度水平的学生应获得最高等级或掌握程度的最高分。因此，我不鼓励使用知识深度水平作为一种基于标准分级的掌握度量表。当涉及知识深度和基于标准的评分进行教学和学习时，四个水平不等于1~4分。

DOK模块

图1.1是我创建的一个图示，它描述了知识深度水平的名称和结构，以模块化的方式呈现。每个单独的DOK模块明确阐述了学生能够理解并利用它们学习的方式。这些模块定义了标准、活动和评估所要求的知识深度，并规定了在单一教学和学习过程中，教师应教授和学生应达到的知识深度水平范围。需要注意的是，DOK模块不应该视为学习步骤使用。

DOK模块并没有将DOK水平转化为教育目标分类，而是将知识深度水平转化为多层支持系统（MTSS），用于实施教学、干预反应和拓展学生学习。图1.2详细介绍了一个单独的DOK模块，以及它如何根据标准的要求和学生的优势，说明知识深度教学和学习体验的内容和强度。模块的顶部是评估的上限，这是由标准中的学习目标所要求的知识深度水平决定的。我称之为DOK基准线，因为这是基于知识深度的教学过程的目标——让所有学生提升、达到并超越目标所要求的知识深度（或DOK基准线）。

DOK基准线用虚线表示，因为它总是在整个DOK模型教学过程中移动，根据标准的要求和学生的优势进行调整。学习目标所要求的知识深度水平决定了DOK基准线的初始位置。

DOK模块的右侧是通往熟练的路径。它概述了教师在整个DOK模型教学的过程中，是如何移动DOK基准线的。通往熟练的道路可以朝任何方向，因此DOK模块的右边是双向箭头。DOK模块的左侧显示了学生表现进展，它总是会达到或超过标准所要求的知识深度水平。DOK模块两侧的箭头及其方向展示了如何开展基于标准和以学生为中心的DOK结构教学。它还在以熟练掌握为基础和以能力为基础的学习之间提供了一个平衡。

DOK模块内的倒金字塔结构揭示了教学内容和强度是如何围绕标准和学生需求来设计的。倒金字塔建立在RTI（Response to Intervention）工作模型的基础上，由博富等人（A. Buffum, M. Matto & J. Malone，2018）进一步改进。它阐释了教学的内容和强度如何同时实施和评估标准中学习目标的需求，以及考虑学生个体、班级、年级的具体优势和需求。倒金字塔还显示了当学生正在达到和超越标准设定的目标，以及朝其自己设定的个人目标前进时，教师如何对教学进行调整、修改或分层，以支持学生学习。

我将在本书中突出介绍和参考DOK模块，将其作为示例和证据，用以解释后续章节中构建和探索的具体想法与策略。

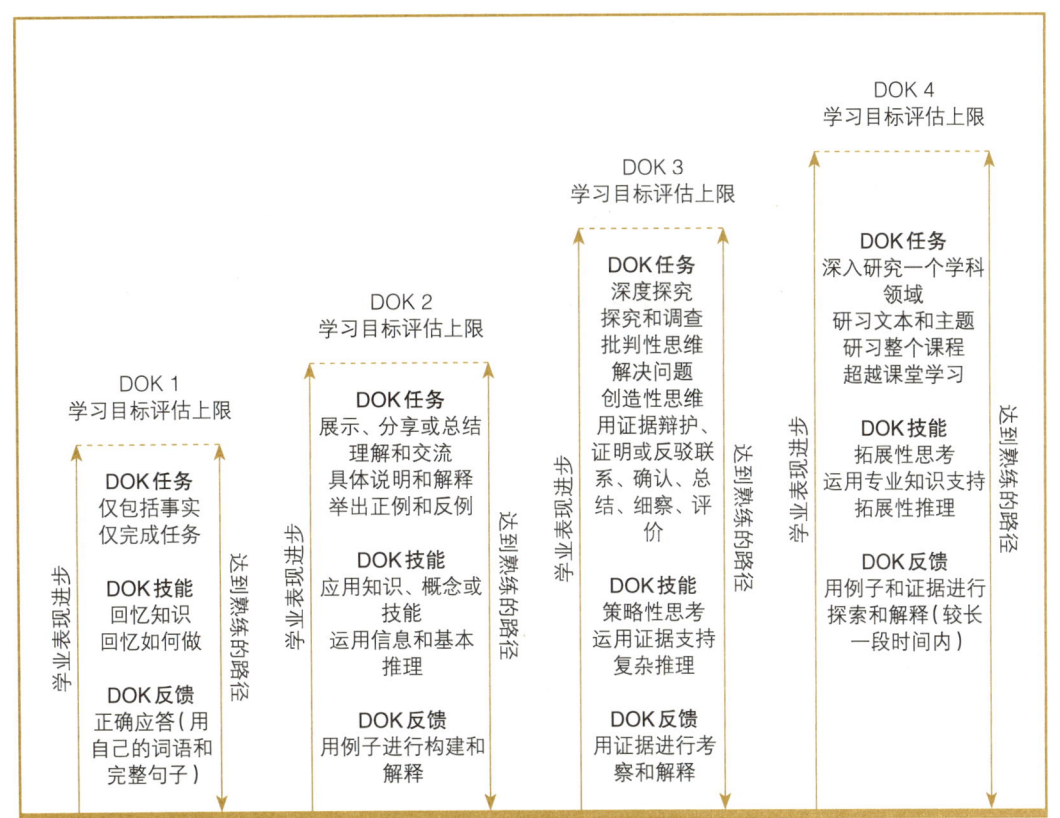

图1.1　DOK水平模块

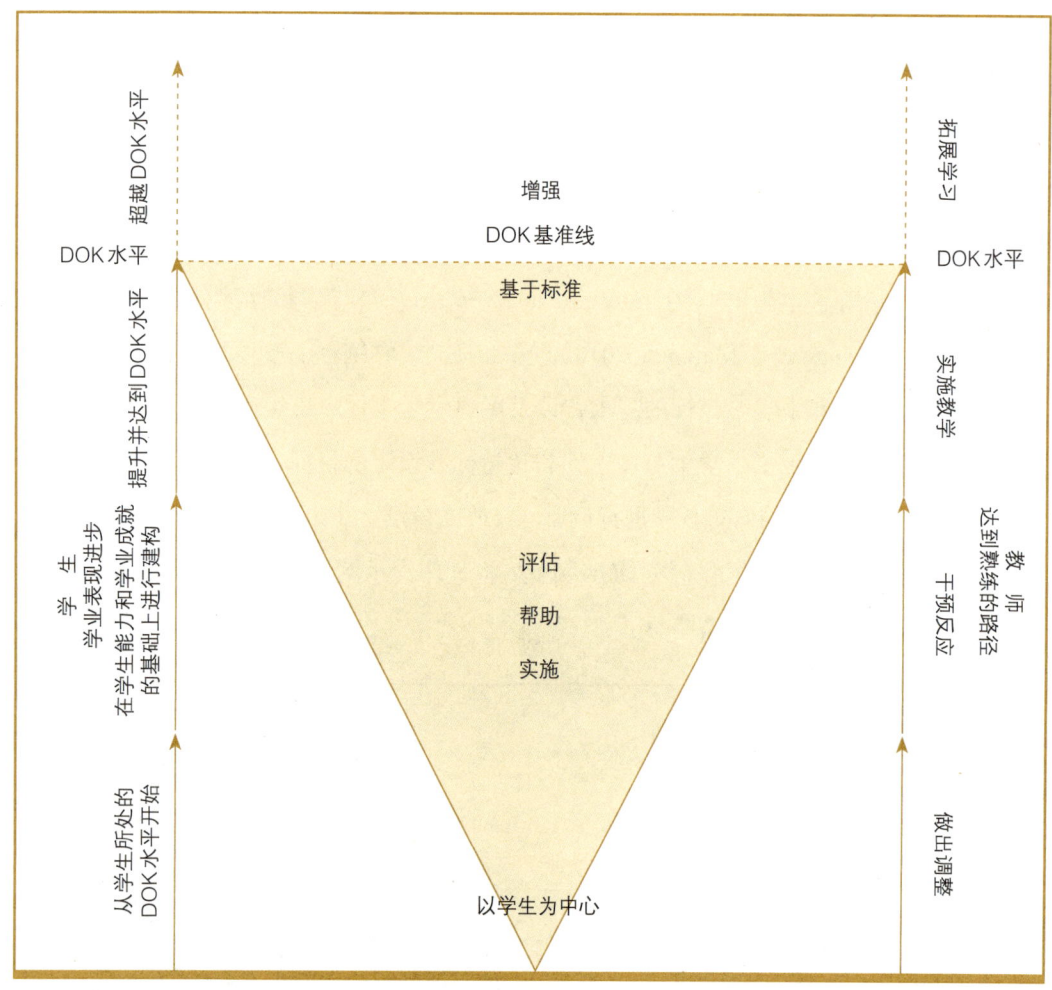

图1.2 将DOK模块作为一种多层次的支持系统使用

总　结

熟悉标准、活动和评估所期望学生展现的思维类型和水平是成功的一半。我们需要确认学生达到的内容理解程度，以展现相应年级水平的掌握程度。我们还需要清晰界定学生必须在多大程度上使用特定学科的知识和技能才能成功完成任务。我们可以从学习目标的初始认知行为动词后面的词汇和短语中得到启示，它们决定了标准、活动和评估要求的知识深度。

韦伯的知识深度水平描述了学生可以在不同且更深层次的情境中展示自己的所学。这些水平不能作为一种教育目标分类，它们作为一个系统来编码和比较期望和评估之间的一致程度。结合修订后的布卢姆教育目标分类，知识深度水平有助于标记和衡量课程活动与测试项目的认知精准度，并为学生学习设定上限和范围。因此，知识深度水平还可作为一种方法与模型，展示关于实施教学、干预反应和拓展学生学习的内容，以帮助学生达到和超越标准中学习目标所要求的知识深度。

理解知识深度

请你作为个体或是教师团队的一员，思考并回答以下问题。

• 如何使用知识深度水平来明确标准、活动和评估的认知要求？

• 如何使用知识深度水平作为编码系统来确定标准、活动和评估之间的一致程度？

• 如何使用知识深度水平和修订后的布卢姆教育目标分类来衡量学习目标和任务的认知精准度？

• 如何使用知识深度水平来为符合特定学业标准的测试项目建立评估上限和范围？

• 如何使用知识深度水平以及你目前使用的教育目标分类法，来开发和提供需要学生在不同情境下展示的学习经验？

第二章
基于 DOK 模型的教学过程

在第一章,我们探讨了知识深度的概念,以及知识深度水平如何界定学生理解知识、应用知识的不同情境。我们还了解到,韦伯的知识深度水平(以及修订后的布卢姆教育目标分类)为标准、活动和评估项目提供了一套衡量认知精准度的工具。那么,是什么决定了 DOK 模型教学过程的精准性呢?如何使用知识深度水平来规划和提供既有学术上严谨、社会和情感上支持,又能对学生及时反馈的教学过程?

为了回答这些问题,本章提供了关于如何开发和提供 DOK 模型教学过程的基本信息,主要集中在以下四点:①知识获取;②知识应用;③知识分析;④知识拓展。本章还讨论了教师和学生的角色和责任,并提供具体教学活动和经验示例。本章以一系列反思问题结尾,帮助你评估自己对知识深度的理解。

如何开发基于 DOK 模型的教学过程

知识深度的教与学要求学生做到以下几点:

• 掌握回答问题、解决问题、完成任务或正确理解文本和主题所需的基础知识和技能。

• 准确地运用概念性和过程性理解来回答问题、解决问题、完成任务或分析文本及主题。

• 分析获得的知识如何以及为什么可以解释、证明自己或他人的答案、行动、方案或论点。

• 探索和解释如何深入地在学科领域内、跨文本或主题间、跨课程、课堂外,用自己独特的方式迁移、应用和联系所学,从而增长知识。

图2.1使用第一章中介绍的DOK模块来总结每个知识深度水平教学的总体目标与要求。请注意图中的每个DOK模块是如何建立和解释不同知识深度水平教学的总体目标的。这些模块还显示了每个知识深度水平如何在教师开展教学,以及学生发展、展示和深化学习的过程中发挥明确的作用。一个知识深度水平不应被视为比另一个"更好"或"更理想"。此外,知识深度水平的教学过程取决于学生必须理解和运用所学知识的深度和广度,而不是取决于教导、评估或吸引学生参与的特定策略或教学方法。例如,基于探究和基于项目的学习等建构主义教学策略是教师用来让学生更深入地参与知识深度教学体验的最佳实践。但是,决定知识深度水平的是教学过程要求学生理解和运用所学知识的深度和广度,而不是使用的教学方法或练习方式。

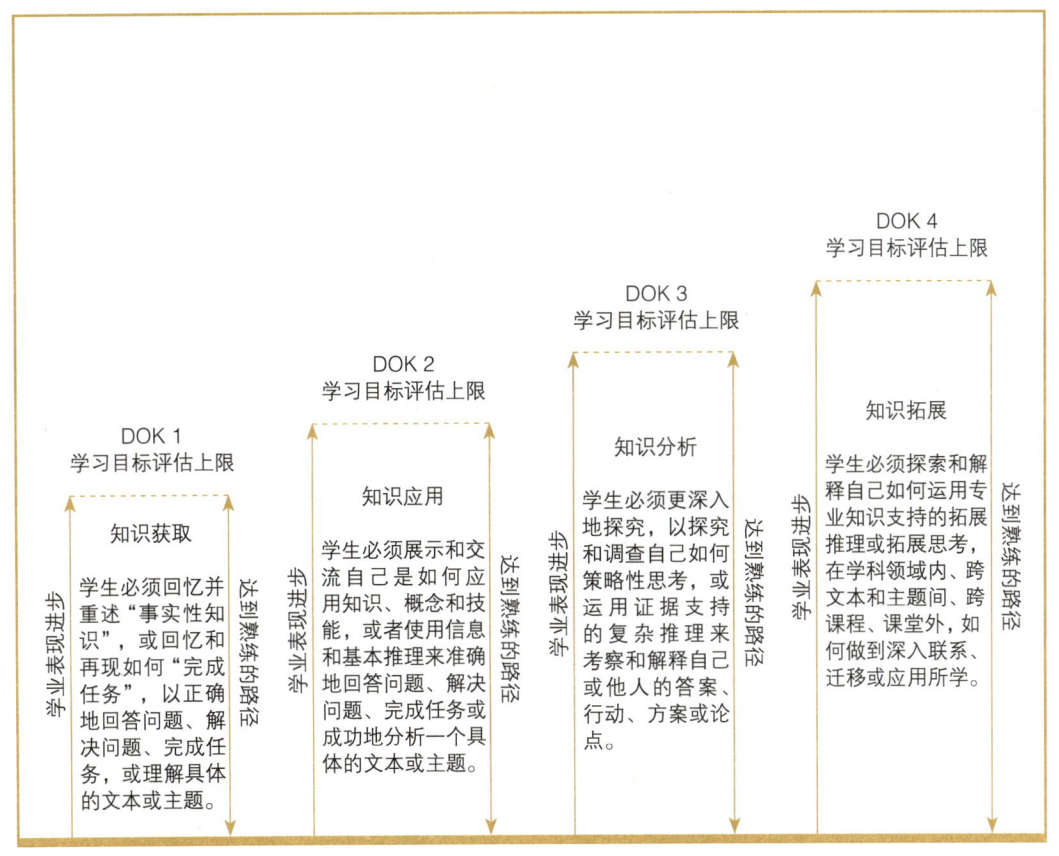

图2.1 DOK精准的教与学

DOK 1:知识获取

DOK 1教学目标是让学生获得在某一学科取得成功所需的基础知识和功能性理解。表2.1详细说明了教师和学生在DOK 1教学过程中的角色和职责。

表2.1 教师和学生在DOK 1教学过程中的角色与职责

教师的角色与职责	学生的角色与职责
指导和引领教学过程	在教学过程中认真倾听和观察
展示和告诉学生需要学习的具体的事实性知识和程序性知识	记住老师所教授的具体的事实性知识和程序性知识
提供细节、事实或详情	正确回忆细节、事实或详情
呈现知识、指导或步骤	正确遵循指示、指令或步骤
通过提问来评估和检验学生的知识理解	通过提问来拓展背景知识和基本理解
对学生的回答正确与否进行评估	回答正确或不正确
在大多数时候发言	在被点名或有问题时发言

DOK 1的活动和评估常规而单一。它要求学生"呈现一种死记硬背的回答,使用一个众所周知的公式,遵循一套程序(如食谱),或执行一系列明确定义的步骤"(Webb,2002)。学生不需要进一步做出解释、给出理由或拓展,但学生要像教师或课本所教授的那样,能够准确而清晰地回忆事实性知识或如何做某事的程序性知识。但是这并不意味着DOK 1的课程活动和测试项目是简单的。这些课程和评估对学生来说可能是最难的,尤其当他们刚开始学习某个学科的时候。以下罗列了DOK 1要求学生回忆事实性知识或程序性知识的活动、项目和任务的示例(Hess, 2015a-c; Webb, 2014a-c, 2019):

- 回忆数据、定义、细节、元素、事实或信息。
- 一字不差复述或稍微改写文本中的细节来支撑观点。
- 用字典查找字词的含义。
- 识别语段中的比喻性语言。
- 在纸质文本或电子文本中识别、标记或定位数据、信息或段落。
- 辨认或识别地图、表格、图形、照片中包含的特定信息。
- 使用字典、词汇表或同义词库来定义字词、短语或术语的含义。
- 根据原始资料或文本,描述或解释谁、什么、哪里、何时、如何或为什么。
- 记住事实、信息、操作或过程。
- 流利、准确地朗读和背诵文本或记忆中的话语。
- 用单一或特定的成果、结果或解决方案解决常规、简单的问题。
- 成功完成简单的任务。

- 执行一步计算或操作。
- 直接运用特定的算法、公式或标准流程。
- 执行或遵循明确界定的多步骤的流程。
- 回答是或否。
- 判断一个陈述是真或假。
- 整理信息并制作列表。
- 识别模式、趋势、原因或影响。
- 完成一次单词搜索或填字游戏。
- 对正在学习的特定文本或主题进行头脑风暴,生成相关概念或想法。

根据赫斯的认知精准矩阵,DOK 1教学过程期待学生表现出更高的思维水平。例如,活动和评估要求学生通过辨别模式或趋势,或从纸质及电子资源(如地图、图表或表格)中定位和检索信息来进行分析。它要求学生正确地回答问题、解决问题或完成任务(Hess, 2013c; Hess et al., 2010a, 2010b)。此外,学生通过头脑风暴建构与特定文本或主题相关的概念或观点(Hess et al., 2010a, 2010b)。即使学生被期待能够开展深入的思考,DOK 1活动或评估项目也只要求学生回忆事实性知识或如何做某事的程序性知识,而不需要提供更深入的解释或进一步的探索。任务中的问题不需要被"弄清楚"或"得到解决"(Petit & Hess, 2006; Webb, 2002, 2015a)。

DOK 1教学过程还关注学生基本的读写能力和语言技能发展。学生将学习文字概念和目标语言的使用习惯,如音节发音、单词拼写、词义、词性、句子结构和词语位置。他们还将学习某一特定学科的术语,即"学科专家表达他们所知道的,并与同行的其他人进行交流"的语言或非语言的标签和符号(Anderson & Krathwohl, 2001)。DOK 1的活动和评估要求学生表现出对文本的基本理解,通常包括对文本的逐字回忆、对文本具体细节的细微改述,或者对某个单词或短语的简单理解(Webb, 2015b)。同样,这些任务不需要更深入的解释、评估或扩展,学生只需准确回忆和重述信息,或再现文本中描述的流程。

对于学生来说,DOK 1教学过程可能是困难的,尤其是当他们第一次学习文本、主题或技能时。随着学生对这门学科越来越熟悉,难度水平可能会有所变化。但是DOK 1教学过程的认知要求会保持较低水平,因为它只要求学生回忆"事实性知识"或展示如何正确地"完成"。这也是当学生问起在DOK 1教学过程中有什么目标时,你要告诉他们——仅回忆事实性知识或展示如何正确地执行某任务。

DOK 2：知识应用

DOK 2教学过程旨在培养学生更深层次的理解，其核心目标是让学生理解并表达他们如何以及为何能够运用学科知识来回答问题、解决问题、完成任务、分析文本或与主题相关的观点和信息。表2.2描绘了教师和学生在DOK 2教学过程中的角色和职责。

表2.2　教师和学生在DOK 2教学过程中的角色和职责

教师的角色和职责	学生的角色和职责
组织和引导教学过程	积极地参与教学过程
"退后"观察和监督学生的表现	大声发言来表达、分享和总结
促进学生展示和交流如何准确运用内容知识来回答问题、解决困难、完成任务或分析文本和主题	展示和交流如何准确运用学科知识来回答问题、解决困难、完成任务、分析呈现在具体文本或与特定主题相关的观点和信息
通过提问，检验学生对概念或过程的理解，理解学生的行为、回答和分析	通过提问形成概念性或过程性的理解，进行行动、回答或分析
根据准确度和清晰度，评估学生的答案、推理或结论	通过案例支持，准确、清晰地证实和解释答案、结论

DOK 2活动和评估旨在推动学生准确理解并运用学科知识。然而，根据韦伯的观点，DOK 2涉及的内容知识和学习过程比DOK 1更复杂（Webb, 2002）。在DOK 2中，学生将学习如何组织和应用事实性知识和程序性知识，包括掌握类别和标准、方法和模式、结构和技能、理论和技术等深层次概念。DOK 2活动和评估要求学生挑战性地运用更深层次的理解进行选择、比较和联系。以下列举DOK 2的活动、项目和任务（Hess, 2013 a-g; Webb, 2015 a-c, 2019）：

- 描述、解释或演绎原因或方法。
- 说明为找到解决方案而完善、采取和使用的一系列措施。
- 用可支撑的例子总结想法或信息。
- 通过组织结构、示例和语境从文本中提取意义。
- 识别并遵循文本中的因果关系和多元观点。
- 区分文本中的假设和已知、事实和观点。
- 解释不同文本类型（诗歌、说明文、小说等）之间的差异。
- 使用上下文线索来辨明不熟悉的单词、短语和语句的意思，因为它们可能有多种含义。

- 根据阅读材料的信息预测、推导结论。
- 识别并总结记叙文中的主要事件。
- 根据特定标准对数据和信息分类整理。
- 对人物、地点、事件和概念的特征进行比较。
- 将信息转换成不同形式以适应不同情境或要求。
- 用公式列出方程式或不等式,求解并报告结果。
- 用两个或更多步骤开展实验,产生特定结果。
- 根据任务需要选择并执行合适的方法或程序。
- 基于实验结果推进研究或调整实验方案。
- 构建或使用模型和图表来解释概念、想法、现象或过程。
- 解决涵盖多个决策要点或方法的常规问题。
- 从给定的选项中做出选择,并解释选择的理由。
- 根据提供的数据和信息,得出基本推论或逻辑预判。
- 通过语境、文本特征或视觉材料获取和解释信息。
- 基于经验或观察,生成猜想或假设。
- 解释或扩展一种模式或趋势。
- 制作仿真模型来说明或解释真实或虚构的事件。
- 进行访谈,促使某人解释或表达观点。
- 创建问卷或调查,收集定量或定性数据。
- 写日志、日记或博客来表达信念、感受、想法或观点。

在 DOK 2 教学过程中,教师可以组织 DOK 1 项目或任务。但是,DOK 2 活动或评估对学生提出更多挑战,需要"描述或解释结果,明确'如何做'或'为什么',而不只是回忆信息"(Webb,2002)。例如,在数学学科中,学生需要展现、分享或总结如何运用概念、运算和步骤来获得答案,而不仅是正确地解决问题。在文学和艺术学科中,学生需要运用信息和基本推理来解释文本或作品中的主要观点,以及作家、艺术家或音乐家如何通过技法要素、结构要素来表达这些思想,而不仅是识别文学或艺术的手法。在历史或社会学科中,学生需要详细说明并解释事件之间的联系,而不只是创建一条时间线。在国际通用语学习中,学生需要运用知识、概念和技能来解释在交流中形式或时态的使用,而不仅仅能够识别正确的形式或时态。在体育教学中,学生需要构建示例并说明投掷是怎样的或如何投掷，而不只是在棒球比赛中投出特定的球。学生表现的成功与否取决于其在指定的情境中如何正确且清晰地应用和展示所学。

　　DOK 2教学过程运用学科领域特定的读写技能来进行教学和评估。沙文等人将这种技能描述为"运用阅读和写作来学习某一学科主题的能力"（R. Chauvin & K. Theodore，2015）。教学重点和目标从学习如何阅读、写作和讨论转移到在阅读、写作和讨论中学习。这个方法适用于所有年级的所有学科，而不仅仅是初中的文学或语言艺术课。通过该方法，学生需要挑战阅读和回应不同学科的信息型文本，以加深对内容知识的概念性和程序性理解。学生还需要解释、说明或总结这些文本中的信息以及基本推理来交流理解，同样也根据所提供的信息或信息呈现方式来解释或构建文本和主题的意义（Webb，2015b）。表2.3重点罗列了所有科目的DOK 2教学过程中，阅读任务和以写促学的活动示例。格里莉丝建议针对特定主题的内容和交流重点调整这些活动和任务，而非完全采用，例如，学生可以使用数学或科学中常用的过渡词语来详细说明或记录现象与过程（V. Gillis，2014）。

表2.3　学科领域的读写技能

阅读任务	以写促学活动
• 引用或转述文学和信息文本中的具体细节、事实和信息，以支持做出的解释、推断或预测。 • 明确文学篇目或信息文本表达的主要观点、中心观点。 • 总结文学篇目或信息文本的关键细节和观点（如主要思想、人物特征、情节或主题）。 • 辨别、说明和追踪在文学篇目或信息文本中详细描述的过程与步骤。 • 利用上下文线索来明确常规的学术或文学词汇以及特定学科术语的含义。 • 描述信息文本如何呈现细节、事实和信息。 • 找出文章中哪些方面能揭示作者意图或观点。 • 区分信息、事实和观点，区分第一手资料和第二手资料是否相关	• 撰写一般性或针对性的概述，以更清楚地理解文本、主题或技能。 • 撰写信息型或解释型文本，解释概念、事件、观点或过程。 • 撰写记叙文，总结事件发生的顺序或由始至终的情况。 • 撰写回答，以表达个人对文本或主题的信念、感受、视角、观点或想法。 • 运用技术写作（步骤1，步骤2，步骤3……）来详细描述或记录某种现象或某个过程的阶段或步骤。 • 使用过渡词（首先……，然后……，最后……）来详细描述或记录某种现象、过程的阶段或步骤。 • 坚持撰写学习记录或读后感日志，来记录读者对文本或主题的反应、反思或回应

续表

阅读任务	以写促学活动
• 解释体裁和文本类型的差异。 • 理解并运用特定主题的格式、风格或术语来阅读文学篇目或信息文本，并做出回应（如实验报告、历史文献、运动攻略手册、音乐歌词、舞台剧或电影剧本）	• 撰写信件、笔记或文本信息来解释概念、事件、观点和过程。 • 理解并运用特定主题的格式、风格或术语来撰写和创造文学篇目或信息文本（如实验报告、数学证明、音乐歌词、舞台戏剧或电影剧本）

加深 DOK 2 教学过程最简单的方法就是激励学生展示和交流所学（或与更低年段的学生一起"展示和分享"）。然而，学生必须用自己的话语表达和分享理解。这使得 DOK 2 教学过程具有更高的挑战性和认知要求。

DOK 3：知识分析

DOK 3 教学过程的目标是增强学生对如何以及为什么在不同的情境中运用知识的意识。表2.4说明了教师和学生在 DOK 3 教学过程中的角色和职责。

表2.4　教师和学生在 DOK 3 教学过程中的角色和职责

教师的角色和职责	学生的角色和职责
调节和观测学习过程	深度参与学习过程
提出复杂的目标或任务，包含学生必须达到的特定标准或规定要求	运用深层次的知识和技能来达到目标或任务的标准或规定要求
为学生提供不同的情境，让他们可以展示所学	基于证据，审查和解释如何在不同的情境中展示所学
促使学生进行策略性思考或使用基于证据支持的复杂性推理来论证自己或他人提出的答案、分析、判断、论点	通过策略性思考或使用基于证据支持的复杂性推理，来论证自己或他人提出的答案、分析、判断或论点
通过提问引导学生更深入地思考与探索推理，激发其好奇心、想象力和探索欲	通过提问深入挖掘和思考替代方案、原因、联系、后果、判断、结果、角度或可能性
根据证据和推理的正确性、清晰性和可靠性，评估和评价学生的学习	准确、清晰和可靠地使用证据和推理来支持答案与结论

DOK 3 的活动和评估非常复杂、抽象。学生运用策略性思维和复杂性推理来检查和解释自己或他人提出的答案、分析、判断或论点。DOK 3 活动和评估的不同之处在于，它们要求学生理解并使用内容知识作为依据来巩固和支持计算、主张、结论或推测。根

据韦伯的观点，学生不仅要知道如何和为什么，还要通过应用和证据来证明如何和为什么（Webb, 2015c）。以下是DOK 3活动、项目和任务的示例，它们要求学生能够运用策略性思维和复杂性推理（Hess, 2013a-g；Webb, 2015a-c, 2019）。

- 用证据支持解释、概括与联系观点。
- 用证据支持行动、回答、分析、判断和论点。
- 引用文字证据来支持主张、结论或推测。
- 基于依据或来源的可靠性对行动、结论或决策进行评论。
- 解释或发现作者的意图如何影响对阅读选材的解读。
- 通过文本分析推断作者意图与文本特征。
- 针对特定主题，总结多样的信息来源。
- 分析和描述各种文学类型的特色。
- 根据工艺、可信度或标准来评估作品、想法和表现。
- 运用、分析概念和过程来解决非常规或劣构问题。
- 通过决策制订、故障排除或诊断解决的方法来解决问题。
- 分析问题之间的异同。
- 提出并评估问题的解决方案。
- 识别并解释错误的观念。
- 跨越时间和空间建立联系来解释概念或重要思想。
- 观测表现，并在必要时调整方法、策略或技术。
- 思考替代方案、后果、选择或可能性。
- 验证结果的合理性。
- 开发、使用模型或直观图表解释概念、观点、现象或过程。
- 基于特定目标或解决研究问题而开展调查。
- 根据记录或报告的数据、信息、观察或结果得出结论。
- 在有限时间内解决复杂问题或完成复杂任务。
- 分析和评估政策或程序的影响力和有效性。
- 从单一信息来源或文本中编辑和整合信息。
- 就某一特定主题撰写、准备信息文本、报告。
- 发起并参与辩论、对话或讨论。

- 回答基于文本的问题,检查呈现在文学小说的单篇选文中或与某个主题相关的普遍观点和主题。
- 参与有明确结果或时间限制的基于问题的学习或基于项目的学习。

DOK 3教学过程还要求学生发展和展示复杂的心理加工技能(或能力)——这将使他们在学校和社会中受益。表2.5列出了特里林等人提出的21世纪学习的4C技能(B. Trilling & C. Fadel,2009):Critical Thinking and Problem Solving、Creatiuty and Innovation、Commiunication、Collaboration——对在学习中、生活中和作为劳动者得以生存和成功至关重要的学习和创新技能及其子技能。与这些能力相对应的学习目标适用于所有年级与科目的DOK 3教学过程。4C技能鼓励学生发展和展现在学习、专业和个人方面取得成功所必需的更强的学习能力和真实的知识与技能。在规划DOK 3活动和评估时,需要将这些核心能力作为学习目标,让教学过程既精准又有针对性。

表2.5 21世纪学习的4C技能

4C技能	DOK 3学习目标
批判性思维和问题解决能力(专家思维)	• 在不同的情境中解决常规和非常规的问题。 • 根据情况使用各种类型的推理。 • 分析整体中的各个部分是如何相互作用的。 • 基于证据的信度,分析和评估论点、信念、主张、视角或观点。 • 分析、解释信息并得出结论
创造和创新能力(付诸实践的想象力和创造力)	• 提出创新性或创造性的想法。 • 分析、评估和改进想法,使其完善或富有潜力。 • 对新颖和多元观点保持开放和积极的态度。 • 理解现实世界的限制,接受或采纳新想法。 • 理解并把阻碍、拒绝或挫折视为学习的机会。 • 发现并意识到创造力和创新力是一个成功和错误长期不断循环的过程。 • 实践创造性想法,作出改变或贡献
沟通能力(复杂的参与和互动)	• 在各种形式和情境下,通过口头、书面和非语言交流,明确表达思想和观点。 • 清晰且有效地和他人交流新的想法或信息。 • 深入倾听以解读意义。 • 在不同的情境下进行沟通,以实现不同的目的。 • 利用多种形式和类型进行沟通,并评估其有效性和影响力

续表

4C技能	DOK 3学习目标
协作能力 （复杂的参与和互动）	• 与他人有效地合作，并尊重他人。 • 锻炼灵活性，增强乐于助人、作出改变与尝试妥协的意愿，以实现共同目标。 • 为协作工作、成功和挫折承担共同责任。 • 评估每个成员对团体和个人的贡献

来源：Partnership for 21st Century Learning, 2019; Trilling & Fadel, 2009.

DOK 3教学过程采用基于学科素养的教学和评估方法。蒂莫西等人认为学科素养强调的是每个学科内创造、交流和使用知识的人所拥有的专业知识和能力（Timothy & C. Shanahan, 2012）。这些专业实践和专业技能在内容领域的核心标准中有所阐述［例如，《数学实践标准》(the Standards for Mathematical Practice)、《数学学院和职业从业标准》(the Mathematics College and Career Readiness Standards)、《下一代科学标准——科学、工程实践和交叉概念》(the Scientific and Engineering Practices and Crosscutting Concepts of the Next Generation Science Standards)、《CCRS文化和语言核心标准》(the Core Standards of the CCRS Literacy and Language)、《国家核心艺术标准》(the National Core Arts Standards)、《AERO世界语言标准和SHAPE美国标准》(the AERO World Language Standards and the SHAPE America Standards)］。DOK 3活动和评估促使学生假设他们是特定领域的参与者或专家——数学家或科学家，文学、艺术、音乐或戏剧评论家，历史学家，语言或语言学专家，运动员或教练，来处理和响应学习过程。

在DOK 3的教学过程中，教师可以组织DOK 1和DOK 2的项目和任务。但是DOK 3的活动或评估需要让学生不仅知道如何做和为什么，还应通过应用和证据来证明如何做和为什么（Webb, 2002）。组织DOK 3教学过程最通用的方式是呈现一个观点、选择或结果，让学生明确、总结、思考和评论其准确性、有效性或可行性。例如，在数学或科学学科中，不是要求学生解决问题，而是给学生一个解决方案，并证明它是正确的还是错误的。在文学和艺术学科中，不是让学生回答什么是中心思想或主题，而是与学生分享教科书或可靠信息所表达的观点或主题，并要求其依据文本检查和解释这些观点或主题是如何得到强调和支持的。然后要求他们使用基于证据支持的复杂推理来解释他们认为的中心思想或主题是什么，以及为什么。在体育教学中，呈现在运动场上的场景，让学生策略性地思考哪一个是最好的比赛，然后让他们考察和评估比赛的效果。学生表现的成功与否取决于证据和推理是否清晰、可靠和令人信服。

DOK 4：知识拓展

DOK 4教学过程的目标是将学生学习拓展到文本内容、课程和教室之外。表2.6描述了教师和学生在DOK 4教学过程中的角色和职责。

表2.6 教师和学生在DOK 4教学过程中的角色和职责

教师的角色和职责	学生的角色和职责
• 发起、评估学习过程。 • 鼓励学生策略性思考如何在不同情境和特殊情况下应用知识。 • 让学生有机会明确和发现如何在学科领域内、跨文本和主题间、跨课程、课堂外，用自己独特的方式应用、联系和迁移知识。 • 鼓励学生将自己的学习、生活经验和天赋发展为个人专长。 • 布置真实、复杂且耗时的任务，要求学生进行深入研究、调查，或设计一个真实的产品	• 提出、计划和展示学习过程。 • 拓展思考如何利用所学知识来处理、解释和应对现实世界的场景。 • 通过实例和证据探索并解释如何在学科领域内、跨文本和主题间、跨课程、课堂外，以自己独特的方式应用、联系和迁移知识。 • 将自己的学习、生活经验和天赋发展为个人专长。 • 完成真实、复杂且耗时的任务，包括进行深入研究、调查，或设计一个真实的产品

DOK 4活动和评估的复杂性和DOK 3的相似。然而，赫斯提出DOK 3活动或评估要求学生表现出"对文本、数据集、调查或关键信息来源的深入理解，而DOK 4任务拓展了任务的广度，需要使用多个文本或信息来源，运用多个概念/学科来完成一个解决方案或创造最终产品"（Hess，2013b）。例如，在文学和艺术学科中，鼓励学生对作者、艺术家或艺术流派进行研究，要求学生分析多个文本中重要的细节和观点、写作技法和结构。这些文本或由相同或不同的作者撰写，或由相同或不同的艺术家或音乐家创造，而不是对单篇选文或作品进行文学上或风格上的分析。在历史或社会研究中，鼓励学生结合示例和证据探究并解释观点、事件、个体或问题在一段时间内的影响。以下是DOK 4活动、项目和任务的示例（Hess，2013a–g；Webb，2015a–c，2019）。

• 解释概念或观点如何在学科内或学科间与其他概念或内容联系、对应。

• 基于已经获得的成果或结论，或在不同情境及新情境下运用的方法和策略进行概述、拓展视角或发展理论。

• 深入地调查研究，以构建学习内容之间的联系或在现实情境中应用这些内容。

• 分析并整合多种信息来源。

• 审查和解释各种来源的不同观点。

• 描述并举例说明如何在不同文化的文本间找到共同的主题。

• 从提供的替代方案或可能性中选择或设计一种方法来解决非常规的问题。

• 分析跨体裁或同体裁、来自同一或不同作者/画家的多个文本和作品中共同的思想、主旨和风格。

• 发起并参与没有时间限制的项目,涉及深入的研究、实验、调查和设计。

• 从多个信息来源或文本中收集、分析、评估、整合观点和信息,并确认其真实性、可信度和有效性。

• 用新颖的方式应用知识和技能,解释并证明行动、决策和推理。

• 设计并使用一个原创的模型来解决、解释或回应真实世界的抽象场景或情况。

• 创作原创的艺术、文学或音乐作品,融入特定体裁的主要思想、主旨、风格或主题,或向作家、艺术家或音乐家表达敬意。

• 回答基于文本的问题,解决和探究全球性或普遍的概念、观点或主题。

DOK 4教学过程可能需要大量的时间和精力来完成。不过,这并不是DOK 4活动和评估的固有标准,而是可能呈现的一种特征。根据韦伯的观点,如果只要求完成重复性的工作,并且不需要运用重要的概念理解和更深层次的心理认知过程,那么延长的时间周期不是一个区分(DOK水平的)因素(Webb,1991)。这取决于要求学生理解和运用内容知识的深度和范围,这种教学过程可以界定为DOK 2或DOK 3。因此在推断其DOK水平之前,必须考虑和确认活动及评估要求学生理解与运用所学的到底是什么及其深度。

表2.7举例说明了学生参与拓展的DOK 4教学过程的具体课程活动和教学实践。它们通常会鼓励学生在更长的时间段内采用和维持策略性思维过程来解决问题或制作真实的产品(Hess,2013a)。需要强调的是,正是教学过程要求学生理解和应用所学的深度和广度决定了DOK 4水平,而不是用作开发或提供经验的具体教育方式和教学方法。

表2.7　DOK 4真实学习经验

课程活动和教学实践	学生整合并利用科学、技术、工程、数学、阅读写作以及艺术的学科素养来处理、解释和应对现实世界的情景
作者研究或体裁研究	学生比较和评判同一个主题下多个文本的共同元素,这些小说文本或非小说文本可能有相同或不同的作者和体裁,或是用不同的方法创作出不同的形式(如短篇小说的电影改编)
案例研究	学生对事件、个体或问题展开深入分析或集中调查,从而得出结论,并运用多种来源的数据和信息评判方法或结果

续表

田野研究	通过开展实地考察、田野调查或案例研究，学生通过现实或虚拟的方式走出课堂进行学习	
服务性学习	学生解决社会中关于公民、人类或社会的热点、问题或需求，来推动和创造积极的、富有成效的变化	
个性化学习	结合个人兴趣，学生运用学习的概念和程序，解决、解释和应对与他们的生活相关的问题	
顶点项目	学生负责一个长期的调查项目，项目最后需要将最终的计划产品、展示或表现提交给由教师、专家和社会成员组成的团队，他们将共同评估项目的质量	
展览和陈列	学生运用深层的知识、天赋、训练发展的能力和创造性思维，设计和创作作品，并基于娱乐或评价的需要向观众展示	

在DOK 4教学过程中，解决的问题可能是常规的，也可能是棘手的。根据李特尔等的观点，常规问题运用有效算法、公式或流程来解决，或证明这些算法、公式和流程在类似场景或情况下的有效性（H. Rittel & M. Webber，1973）。棘手问题（wicked problem）无法用明晰或传统的问题解决范式解决。事实上，棘手问题几乎不可能成功地、彻底地解决，因为其中有太多相互关联的原因、情境、要素和后果。棘手问题的例子包括社会经济、政治、文化或环境问题，涉及教育、贫困、金融、地位、医疗保健、健康、犯罪、气候变化、公平和恐怖主义。表2.8区分了常规问题和棘手问题的特征。

表2.8 常规与棘手问题的特征

常规问题	棘手问题
• 可能是简单的，也可能是复杂或耗时的，但都可以得到解决。 • 可能是学术的，也可能是现实的。 • 静态的、稳定的/连贯一致的。 • 利害关系取决于具体情境。 • 有定义明确且表述清晰的问题，包括清晰的界限、指导方针、规则或可遵循的步骤。 • 有一个明确的终点：当成功实现或达成解决方案时就结束。 • 有可以测验和尝试的解决方案。 • 有能够评估正确与否和真实与否的解决方案	• 极其复杂、耗时，且几乎不可能解决。 • 是现实世界的问题。 • 动态的，且总是在变化或发展。 • 情境或场景存在很大的风险。 • 缺乏清晰或通用的形式、格式、公式或最终解决方案，没有明确的界限、指导方针、规则或可遵循的步骤。 • 没有终点或停止点：当想法、资源耗尽或某个解决方案（基于当前情况）已经足够好时就结束。 • 解决方案存在好或不好、更好或更差、足够好或不够好

续表

常规问题	棘手问题
• 可以被归类为能够用类似的方式或一系列特定的过程和技能来解决的问题。 • 有一系列完整但有限的替代方案。 • 可能不止一种问题症结或解决方案。 • 所有受影响或涉及的人都一致同意的问题解决方案。 • 能够承受问题解决者的失误,能够解决或修复负面结果、影响和挫折。 • 在任何DOK水平中都可以组织或解决	• 没有特定的分类或者标准,每个问题都是独特的,取决于具体情境。 • 每次尝试都是一次性操作。 • 没有固定的解决方案集成或解决问题的模板。 • 有多种问题症结。 • 受影响者或涉及的人没有对问题或解决方案达成一致。 • 问题解决者不能失误,负面结果、影响和挫折会使问题变得更糟。 • 专属于DOK 4的教学过程

  DOK 4教学过程也鼓励学生拓展思考如何才能完成不可能完成的项目。不可能完成的项目就像棘手的问题,因为有许多影响和涉及的要素、个体和资源(Francis,2016a)。不可能完成的项目也可能由于缺乏资源、时间或充分理解而受到限制。太空旅行、原子分裂、自然能源(如电、风、水、核能或太阳能)的开发利用、疾病治疗、建造高级建筑结构和创造人工智能曾经都是不可能完成的项目。但是,由于个人或团体的耐心和坚持,这些最终都成为可能。这就是不可能完成的项目和棘手问题的区别。棘手问题不能彻底地、成功地解决,但是不可能完成的项目则在一定阶段可以成功地解决。DOK 4教学过程启发学生拓展思考如何创造和创新内容知识,并运用21世纪学习的4C技能来使那些被认为不可能实现或幻想的成为现实。

  那么,为什么DOK 4的这些学习体验过于拓展,让学生感到疲惫和苦恼,却还要费心鼓励其探索棘手问题或不可能完成的项目呢?柯尔科认为,这些源于现实世界的问题和项目困扰着我们的城市和世界,同时触及我们每一个人(J. Kolko,2012)。在某些时候,不可能完成的或棘手的问题或任务,不仅能够考查学生的学习深度与广度,也考验了学生的聪明才智,并锻炼了他们的毅力。这就是为什么这些问题和项目值得解决。

  DOK 4教学过程发展学生解决问题所需的个人专长,并促使学生为解决棘手问题或有效地甚至成功解决不可能完成的项目做好准备。但是,教师不需要在每个单元或每节课中计划或提供DOK 4教学过程。除非标准中的学习目标有明确要求,学生也不需要展示在DOK 4水平的学习。教师应当把DOK 4教学过程看作丰富和扩展学生学习的机会,而不是目标。运用DOK 4教学过程去鼓励学生认识和体会如何将学习、经验和天赋发展为个人专长，这将使知识深度的教与学具备学术精准性，且具备社会性和情感性支持以及能得到学生的及时回应。

总　结

我们需要理解如何使用DOK水平来规划和提供学业精准性、社会性和情感性支持并且学生及时回应的教学过程。DOK 1教学过程要求学生获得和发展在特定科目中取得成功所需的基础知识和功能性理解。DOK 2教学过程要求学生理解并交流如何准确地运用内容知识来回答问题、解决问题、完成任务或分析观点和信息。DOK 3教学过程让学生分析如何运用以及为什么能够运用内容知识作为证据来考察和解释自己或他人提出的答案、行为、分析、选择或论点。DOK 4教学过程鼓励学生进行探究，并用示例和证据解释如何在学科领域内、跨文本和主题间、跨学科间、课堂外深入地理解和运用内容知识。每一个DOK水平的教学过程具有不同的精准性，然而，每一水平对于发展教师教学和学生学习都发挥了重要的作用。

理解知识深度

请你作为个体或是教师团队的一员，思考并回答以下问题。

- 如何运用知识深度水平来开发和提供具有学业精准性、社会性和情感性支持并且学生及时回应的教学过程？
  - 如何开发和提供以知识获取为重点的DOK 1教学过程？
  - 如何开发和提供以知识应用为目标的DOK 2教学过程？
  - 如何开发和提供让学生参与知识分析的DOK 3教学过程？
  - 如何开发和提供鼓励学生拓展知识的DOK 4教学过程？

第三章
如何开发与实施基于DOK模型的教学过程

在第二章,我们知道了知识深度是如何在学业上、社会上和情感上支持精准的教学。我们还了解了每个知识深度水平是如何描述学生可以体验到的不同精准度。但是,标准中的学习目标是如何定义DOK模型教学过程精准度的?标准中的学习目标如何确立学生表现的目标和基准?我们如何利用各种评估来评价学生的知识深度水平?教与考、教与学的知识深度有什么区别?课程在DOK模型教学过程中扮演什么角色?

为了回答这些问题,本章提供了有关如何规划和提供DOK模型教学过程的信息。它解释了专业学习团体(professional learning communities,PLC)如何利用知识深度来解决里克等人提出的四个关键问题(Rick & R. DuFour,2012)。这些问题驱动PLC在工作中的使命、愿景、价值观和目标。本章最后附有思考题,评估你对知识深度的理解。

如何规划和提供基于DOK模型的教学过程

规划和提供DOK模型的教学过程包括以下步骤。
- 从标准开始,设定活动和评估的学习目标,并建立成功的标准。
- 调查学生学情,以确定教学的内容和强度。
- 将教与学结构化,使其成为一条通往熟练的路径,从而达到并超越标准中的学习目标。
- 运用课程提供的文本和任务来补充、支持和扩展教学过程。

图3.1用一个DOK模块呈现了DOK模型的教学过程。在DOK模块的框架内,有用

于规划和提供教学过程的基准(标准)、措施(评估)、方法(教学)、方式(学习)和材料(课程)。此图可以用来指导和安排为学生开发和提供的基于DOK模型的教学过程。但是需要牢记,教学内容和强度将始终取决于标准的要求和学生能力。

规划和提供基于DOK模型的教学过程解决了指导专业学习团体过程中的四个关键问题,以提高学生成绩、教师教学效率和学校整体绩效(DuFour, Eaker, Many & Mattos, 2016)。

①我们希望学生学到什么?这取决于需要实施和评估的标准中的知识深度水平。

②我们如何知道学生是否都学会了?这取决于一系列在知识深度水平上基于标准的活动和评估。

③当有学生未能学会时,我们将如何应对?这决定了教学内容和强度。

④对于已经学会的学生,我们如何拓展和丰富其学习?这取决于标准的要求和学生能力。

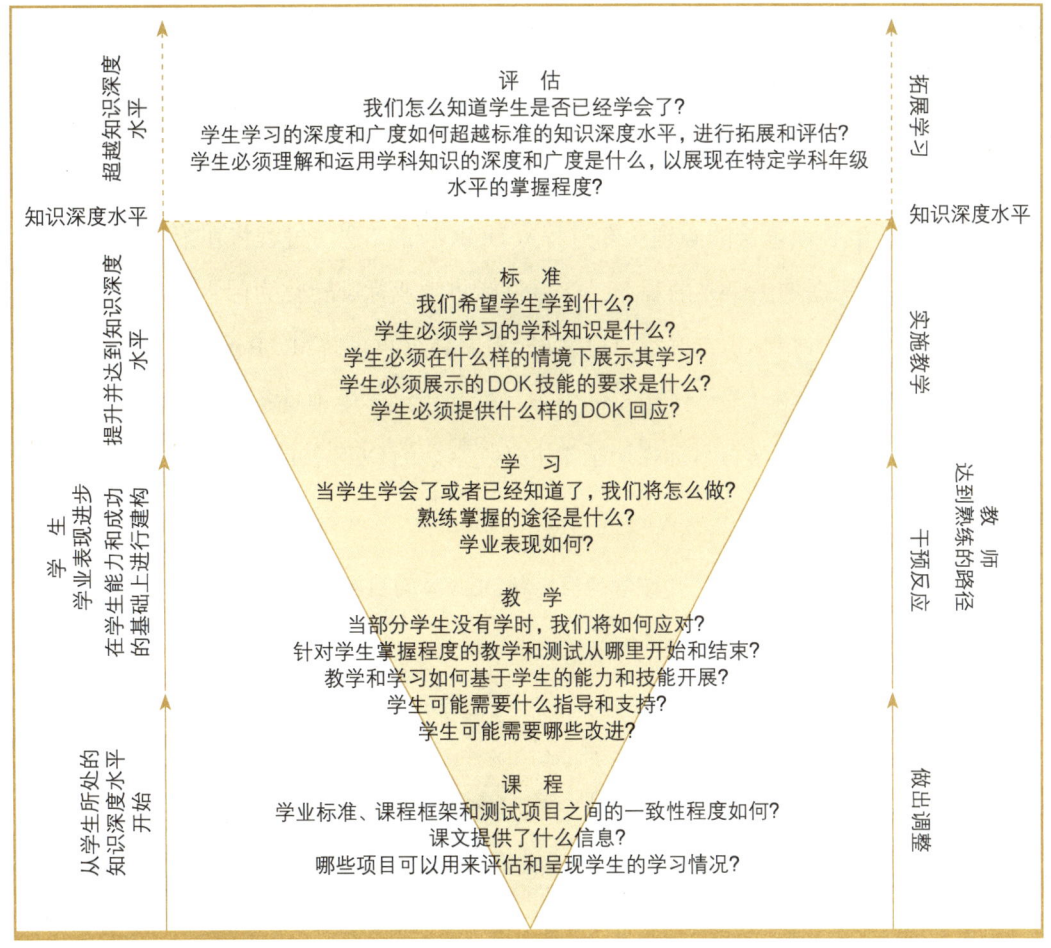

图3.1 规划和提供基于DOK模型的教学过程

这就是知识深度对PLC的补充和支持。教师和领导团队可以利用PLC的四个关键问题来规划和提供基于DOK模型的教学过程。PLC还可以运用知识深度水平将课程或年级目标转化为更具体的单元计划，并制订有效、一致的课程计划（DuFour et al., 2016）。

DOK模型与标准

年级或内容领域的标准设定了基于DOK模型的教学过程的掌握程度目标。其学习目标设定了评估的上限——测试项目要求学生展示学习的最深层次。它还确立了知识深度水平的范围。在这个范围内，活动和评估可以吸引学生对其进行评价，使其走向熟练和获得进步。

学习目的的知识深度水平回答了PLC的问题，"我们希望学生学到什么？"（DuFour et al., 2016）。它明确了在特定年级学生必须学习的学科知识的复杂度，还说明了学生需在多大程度上展示在教学中的学习成果。标准的要求决定了教学的内容和强度，也决定了学生能力深度和广度的基准。

为规划和提供基于DOK模型的教学过程，我们必须先解构标准中的学习目标，以确定所需的知识深度，并指定其知识深度水平。然后，它需要被重构为一个DOK学习目标，来指定学生必须进行的心理认知过程或DOK技能（这一过程将在第五章至第七章进一步解释）。根据伯杰等人的观点，学习目标将学业标准转化为课堂、项目、单元和课程的学习目标，并以学生友好型语言编写，既具体又可理解（R. Berger, L. Rugen & L. Woodfin, 2014）。表3.1显示了传统的学习目标和指定学生须具备的知识深度学习目标之间的区别。知识深度学习目标强调了学生必须掌握的DOK技能，这使得学习目标既具体又可衡量。

表3.1　传统学习目标和DOK学习目标的区别

传统的学习目标	DOK的学习目标
我能用整数的数位和运算性质解释加减法策略为什么有效。（CCSS.Math-Content 2 NBTB.9）	我能用证据支持的复杂推理来解释加减法策略为什么有效。 • 整数的数位（DOK 3） • 运算性质（DOK 3）
我能解释如何通过文本结构的使用来帮助作者达到写作目的。（TEKS.ELA.4.10.B）	我能用证据支持的复杂推理来解释文本结构的使用如何帮助作者达到写作目的。（DOK 3）

续表

传统的学习目标	DOK的学习目标
我能运用物质的粒子理论来解释固体、液体和气体在密度上的差异。(Ontario.Science.8.ULS.3.4)	我能应用知识、概念和技能，运用物质的粒子理论来解释固体、液体和气体在密度上的差异。(DOK 2)
我能解释人们当下的观念如何影响人们对历史事件的解读。(C3.D2.His.7.9-12)	我能运用专业知识支持的拓展推理来解释人们当下的观念如何影响人们对历史事件的解读。(DOK 4)
我能解释在所学外语和母语中，单词结构（派生、前缀、后缀等）间的异同。(AERO.4.1.G5.c)	我能运用知识、概念和技能，解释所学外语和母语中下列单词结构的异同。 • 派生(DOK 2) • 前缀(DOK 2) • 后缀(DOK 2)
我能解释展示方式、位置以及与艺术品的互动体验如何影响人们对艺术品的感知。(NCAS.VA: Re.7.1.7a)	我能用证据支持的复杂推理来解释以下因素是如何影响人们对一件艺术品的感知和价值判断的。 • 展示方式(DOK 3) • 位置(DOK 3) • 与艺术的互动体验(DOK 3)
我能解释音乐结构、音乐元素的使用和社会文化背景是如何影响听众对音乐的感受的。(NCAS.MU: Re7.2.4)	我能应用知识、概念和技能来解释以下因素是如何影响人们对音乐的反应的。 • 音乐结构(DOK 2) • 音乐元素的使用(DOK 2) • 社会文化背景(DOK 2)
我能解释在体育活动中人体各系统是如何相互协作的。(S3.M14.8)	我能应用知识、概念和技能来解释人体各系统在体育活动中是如何相互协作的。(DOK 2)
我能解释民法和刑法的区别。(ACHCK 064)	我能应用知识、概念和技能来解释民法和刑法的区别。(DOK 2)
我能解释早期新加坡（淡马锡）作为贸易港口在时代变迁中兴衰的原因。(Singapore MOE. History.Lower Secondary.1.2)	我能用证据支持的复杂推理来解释早期新加坡（淡马锡）作为贸易港口在时代变迁中兴衰的原因。(DOK 3)

图3.2显示了在DOK模型的教学过程中，如何使用标准中的DOK学习目标来绘制掌握程度提升和学业进步的路径。

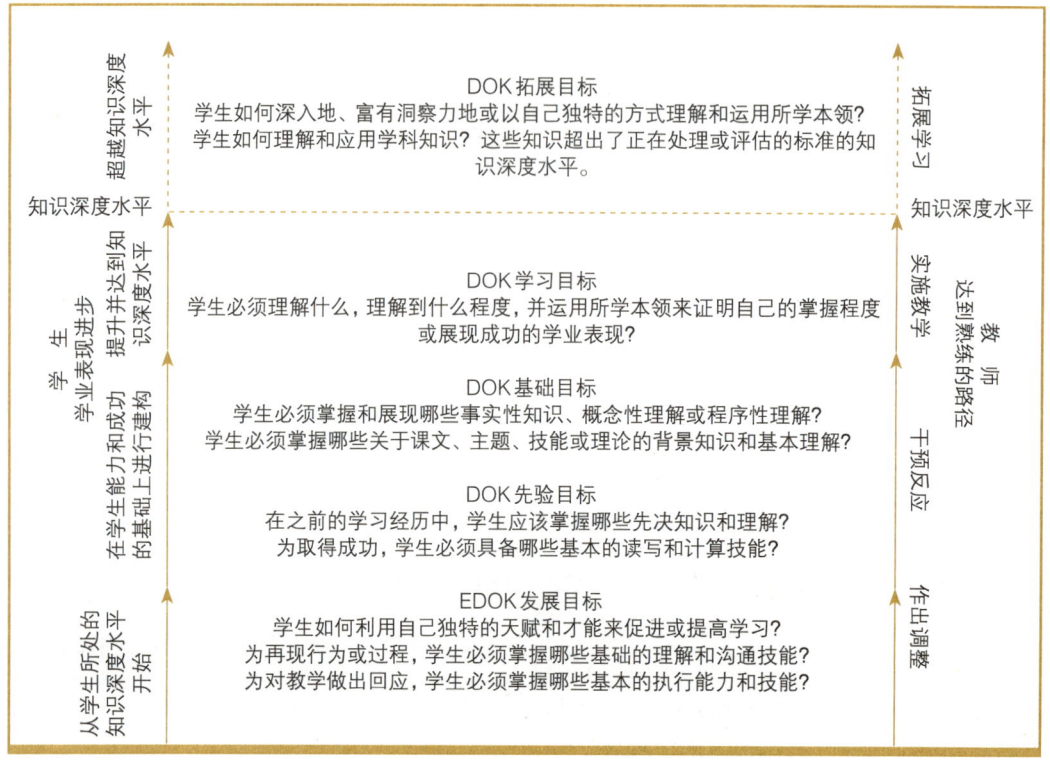

图3.2 运用DOK学习目标来实现基于标准的学习

DOK模型为实施标准中学习目标的活动和评估确立了目标。下面是一些例子。

- DOK学习目标将标准中的学习目标一字不差地重构为"我能"的陈述，规定了学生必须进行的心理认知过程，来证实其掌握程度或学业成就。

- DOK基础目标确定了学生为达到标准中的DOK学习目标而必须掌握的年级水平基础知识（如事实和词汇）和功能性理解（如概念上的和程序上的）。

- DOK先验目标逐项列出了在已有学习经验或之前的年级、课程中，教师应该教过和学生应该学过的必要的和基础的知识与技能。

- EDOK发展目标旨在实施和评估学生个性化的目标以实现并超越年级目标，而这些需要学生接受专门的帮助和支持。这些目标是基于库克（H.Cook）为替代性评估所开发的扩展知识深度水平。（我们将在第四章进一步讨论这些内容）

- DOK拓展目标鼓励并推动学生去展示超出标准中的学习目标的学习。

DOK模型与评估

知识深度的评估解决了PLC的问题，即"我们如何知道学生是否已经学会了？"图3.3显示了基于DOK模型的教学过程如何根据标准要求使用各种评估来衡量学生的能力。

每项评价都有其独特的目的,在评估学生的知识深度方面发挥着不同作用:

· DOK终结性评价:在教学单元、年级或课程学习结束时,评估学生是否能够成功地展示学习成果,达到标准中学习目标设定的知识深度水平或其评估上限。

· DOK中期评价:跟踪学生在一定时间内(如季度和学期中)的学习进展,展示他们在知识深度水平要求下的学习成果。

· DOK形成性评价:帮助学生认识到他们达到的成功标准,以及目前能够展示的知识深度水平。这些评估反映了学生能力的深度和广度。

· DOK预评价:评估学生个体和群体开始时的知识深度水平,并将初期结果与期中或终结性评价的表现进行比较,以观察学习进展。

· DOK诊断性评价:衡量学生的技能发展水平,并关注他们实现个人学习目标的进展情况。

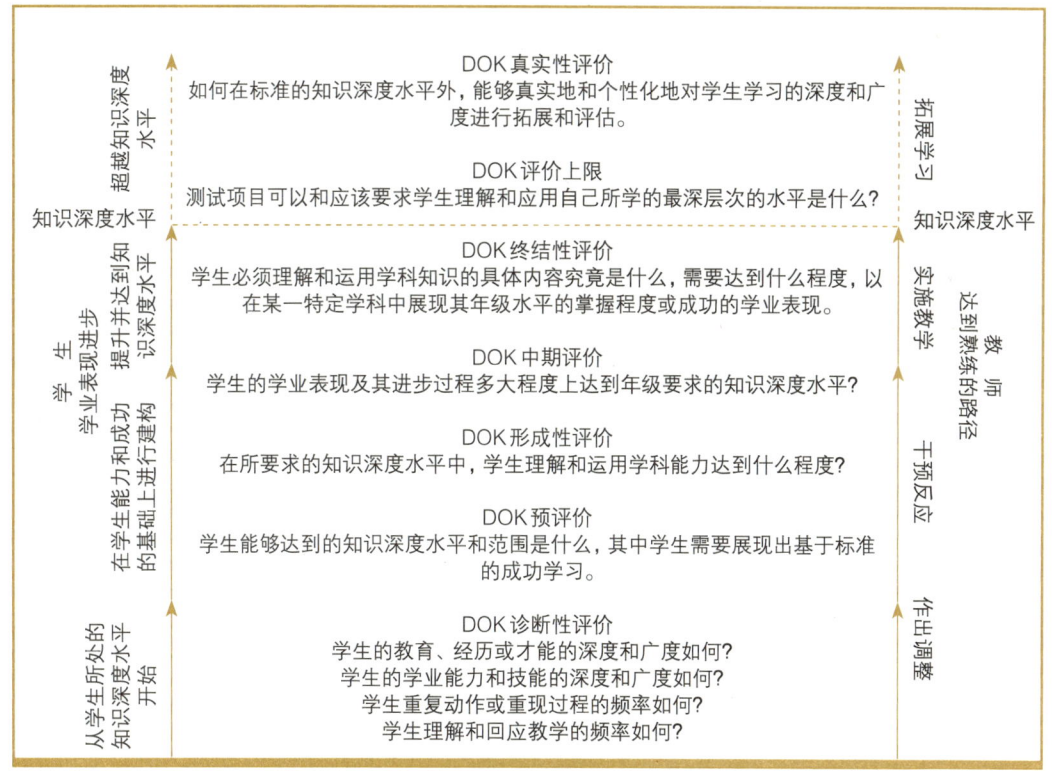

图3.3 基于DOK模型的教学过程评估知识深度

· DOK真实性评价:鼓励和评估学生的能力,以展现他们实际的个人所学。

学生在这些评估中的表现决定了教学的内容及其强度。

标准中的DOK学习目标可以通过设定清晰的评估目标和期望来指导评估过程,尤其是当测试项目需要学生从给定选项中选择答案时（如多选、填空、匹配、对或错、是或否、同意或不同意）。DOK学习目标也可以重新表述为成功标准，以明确学生必须在开放式或主观性的活动、项目和任务中应达到的回应水平，如简答题和论述题。

表3.2展示了如何将DOK学习目标重新表述为DOK成功标准。DOK成功标准以"学生必须"开始，明确了所有学生成功表现的衡量标准。加粗的成功标准短语强调了学生在完成学习目标所需的活动和评估中应提供的DOK水平的回应。DOK学习目标规定了学生必须理解和应用的具体内容和深度，以展示掌握程度或学业成就。DOK成功标准具体说明了学生对实施或评估学习目标的活动、项目或任务需做出什么回应以及深度如何。最后，DOK技能在DOK学习目标中的要求决定了学生必须提供的DOK应答的类型。例如，如果DOK学习目标是DOK 2水平，它要求学生应用知识、概念和技能，那么学生必须建立解释和提供活动、项目或任务的例证。

表3.2 DOK学习目标和成功标准

标准中的DOK学习目标	活动或评估的DOK成功标准
我能用证据支持的复杂推理来解释加减法策略为什么有效。 • 整数的数位（DOK 3） • 运算性质（DOK 3）	学生必须用**证据检验和解释**加减法策略为什么有效。 • 整数的数位（DOK 3） • 运算性质（DOK 3）
我能用证据支持的复杂推理来解释文本结构的使用如何帮助作者达到写作目的（DOK 3）	学生必须用**证据检验和解释**文本结构的使用如何帮助作者达到写作目的（DOK 3）
我能应用知识、概念和技能，运用物质的粒子理论来解释固体、液体和气体在密度上的差异（DOK 2）	学生必须运用物质的粒子理论，**构建并举例说明**固体、液体和气体在密度上的差异（DOK 2）
我能运用专业知识支持的拓展推理来解释人们当下的观念如何影响人们对历史事件的解读（DOK 4）	学生必须在一段较长的时间里，**用例子和证据来探索和解释**人们当下的观念如何影响人们对历史事件的解读（DOK 4）
我能运用知识、概念和技能来解释所学外语和母语中下列单词结构的异同。 • 派生（DOK 2） • 前缀（DOK 2） • 后缀（DOK 2）	学生必须**构建并举例说明**所学外语和母语中下列单词结构的异同。 • 派生（DOK 2） • 前缀（DOK 2） • 后缀（DOK 2）

续表

标准中的DOK学习目标	活动或评估的DOK成功标准
我能用**证据支持的复杂推理来解释**以下因素是如何影响人们对一件艺术品的感知和价值判断的。 • 展示方式（DOK 3） • 位置（DOK 3） • 与艺术的互动体验（DOK 3）	学生必须**用证据检验和解释**以下因素是如何影响人们对一件艺术作品的感知和价值判断的 • 展示方式（DOK 3） • 位置（DOK 3） • 与艺术的互动体验（DOK 3）
我能**应用知识、概念和技能来解释**以下因素是如何影响人们对音乐的反应的。 • 音乐结构（DOK 2） • 音乐元素的使用（DOK 2） • 社会文化背景（DOK 2）	学生必须**构建并举例说明**以下元素是如何影响人们对音乐的反应的。 • 音乐结构（DOK 2） • 音乐元素的使用（DOK 2） • 社会文化背景（DOK 2）
我能**应用知识、概念和技能来解释**人体各系统在体育活动中是如何相互协作的。（DOK 2）	学生必须**构建并举例说明**人体各系统在体育活动中是如何相互协作的（DOK 2）
我能**应用知识、概念和技能来解释**民法和刑法的区别	学生必须**构建并举例说明**民法和刑法的区别
我能**用证据支持的复杂推理来解释**早期新加坡（淡马锡）作为贸易港口在时代变迁中兴衰的原因	学生必须**用证据检验和解释**早期新加坡（淡马锡）作为贸易港口在时代变迁中兴衰的原因

DOK成功标准使得对学生表现的要求变得清晰并易于评估，并以一种学生可以理解的格式和语言来表达对学业表现的衡量。当一项活动或评估要求学生正确回答、举例说明、用证据检验和解释，或用例子和证据探索和解释时，学生会更清楚地理解要求。

DOK模型与教学

关注知识深度的教学聚焦于以下两个方面：①评估学生的熟练程度；②提高学生学习的能力。

关注知识深度的教学采用分层方法来衡量和监测学生的掌握程度。知识深度水平充当形成性分层基准，用于检查和确认理解程度。教学以标准为起点和重点，它设定了特定科目的年级水平的掌握程度基准。如果学生难以在要求的知识深度水平上展示学习成果，教师会将教学分层到学生能够成功表现的水平。然后，教师通过提供年级对应的教学来指导和支持学生，必要时进行干预。一旦学生在标准要求的知识深度水平上熟练和稳定地展示其所学，知识深度的教学和测验就会停止。不过，知识深度的教学会指导和支持学生在一系列知识深度水平上去理解和运用其学习。这使得DOK模型的教学既基于标准又以学生为中心。

然而，知识深度的分层教学不一定会降低对DOK模型教学的要求。如果学生能够理解并运用标准中学习目标所要求的知识深度水平，那么我们应该将教学分层到标准设定的知识深度水平之上，解决和评估学生知识深度的真实性和复杂性。

把关注知识深度的教学想象成一个障碍赛，标准中的目标就是跨越终点线。学生是竞争者，他们必须通过课程的活动和任务到达终点。这些活动和任务（或障碍）在要求上可能有所不同，有的可能很简单，其他可能是复杂的或涉及较广。教师是教练，教导和训练学生如何发挥和提高自己独特的优势和技能以达到终点，以自己的时间和能力范围成功地实现标准中的学习目标。一旦他们到达了这个终点，学习经历就结束了，因为他们已经完成了障碍赛（课程）。

知识深度教学也解决了PLC的问题，即"当有学生未能学会时，我们将如何应对？"教师根据标准的要求以及学生个人和集体的优势，对教学的内容和强度进行分层。教师设计差异化和个性化教学，以帮助学生提升学习能力。这使得知识深度教学不仅在学业上是精准的，而且在社会和情感上支持学生，对其积极反应。

DOK模型与学习

与教师教学一样，学生学习的所有路径都通向标准所要求的知识深度水平。通往熟练的路径引导学生达到标准的知识深度水平。学业表现的进步指导和支持学生去理解和应用其学习，在一定范围内达到标准要求的知识深度水平。这种方法也使DOK模型教学既基于掌握程度又基于学生能力。当学生按照自己的进度实现由年级或其他标准的学习目标时，他们将得到指导和支持，以应用和发展能力和技能。

然而，知识深度的学习不仅仅是为了达到年级目标来证明掌握程度，它还激励学生认识到自己的优势，并意识到如何在此基础上达到并超越目标——无论是标准中的目标还是自己的。这就是DOK模型被用作激励学生，以及教育和评估他们的方式。通向熟练的路径向学生展示了如何在一系列知识深度水平上得以发展，以达到并超越标准设定的目标。学业表现进步将引导学生通过发展其所受教育、经验和天赋形成个人专长。所有学生，无论他们的能力或学习水平如何，都应该得到引导、支持和鼓励，以达到并超越学习目标要求的知识深度水平。

这就是"知识深度学习"如何解决PLC的问题，即"对已经学会的学生，我们如何拓展和丰富他们的学习?"每个知识深度水平都为学生提供了不同且更深层次理解和应用学习的机会。教师可以使用DOK模块来规划和提供教学,这不仅会超越标准要求的知识深度水平,还能鼓励学生以更深入和更灵活的方式理解和应用所学。

DOK模型与课程

课程为教师在特定年级教学和学生学习特定科目提供了资源。根据理查德·卡什（Richard Cash）的观点，精准课程应该加强、支持和拓展每位学生，"在智力上成长，通过参与挑战性活动，达到学习者自我指导，并能够成功地为社会作出贡献的程度"（Richard Cash, 2017）。课程中的文本提供了学生必须学习的学科知识。它的活动和评估在要求学生展示其学习的深度和广度上有所不同。

课程提供了教育工作者可以用来完善和支持回应PLC四个关键问题的案例和证据（DuFour et al., 2016）。但是，可能需要调整或修改活动、项目或任务来完成以下操作。

- 应对并评估标准的要求。
- 补充和支持教学内容和强度。
- 加强和拓展学生学习的深度和广度。

请看表3.3中的数学活动示例。标准对应的DOK学习目标是DOK 3水平，它们让学生运用证据支持的复杂推理来检验和解释加减法策略（如整数的位数和运算性质）为什么有效。然而，课程中的数学题目是DOK 2水平，它们要求学生应用知识、概念和技能来确定与三个整数相关的加法或减法方程中的未知整数。为了应对和评估标准的要求，教师需要拓展教学的深度和广度，并要求学生展示他们所学。

表3.3　DOK学习目标和成功标准下的数学活动示例

DOK学习目标	DOK成功标准
我能用证据支持的复杂推理来解释加减法策略为什么有效。 • 整数的数位（DOK 3） • 运算性质（DOK 3）	学生必须用证据检验和解释加减法策略为什么有效。 • 整数的数位（DOK 3） • 运算性质（DOK 3）
___ + 24 = 32 32 − ___ = 24	68 − ___ = 31 ___ + 31 = 68
46 − 30 = ___ 30 + ___ = 46	59 − 27 = ___ 27 + ___ = 59

续表

DOK学习目标	DOK成功标准
___ + 24 = 52 52 − ___ = 24	93 − ___ = 26 26 + ___ = 93
37 − 11 = ___ ___ + 11 = 37	81 − 26 = ___ 26 + ___ = 81

对于文学和艺术等人文学科，课堂上给出的文本提供了学生必须理解和使用的案例和证据，以强化和支持对课程活动、项目或任务的DOK回应。例如，DOK学习目标"我能用证据支持的复杂推理来解释文本结构的使用如何帮助作者达到写作目的"，设立了学生必须理解和运用所学的深度和广度，以展现四年级英语语言艺术和文学的掌握程度。学生在课堂上阅读的文学类和信息类文本提供了观点和信息，或证据，他们必须对其进行检验和解释，因此增强和支持了他们对实施和评估DOK学习目标的课程活动、项目和任务的回应。这些文本会随着每一次实施和评估该标准中的DOK学习目标的DOK模型教学过程而改变。

为理解课程的角色，可以把知识深度的教与学想象成音乐创作。标准决定教师必须制作的歌曲和学生必须表演的歌曲。课程为教师和学生提供了演奏所需的乐器。但可能需要对乐器进行调音，以确保教师和学生以正确的音高演奏歌曲——或者更确切地说，以标准中的学习目标所要求的知识深度水平进行教学和展示学习。标准所规定的体现年级掌握程度的目标不能也不应该被改变，因为它们是评估和教学的基准。但是，课程可以调整或差异化，以便学生可以达到并超越标准和自己设定的目标。谈到DOK模型的课程，就像吉他大师克拉普顿（E. Clapton）唱的那样："关键在于你使用它的方式"（Clapton & Robertson, 1986）。

总　结

我们需要理解一个标准中的学习目标是如何定义DOK模型教学的。我们还需要解构标准中的学习目标，并将其重构为学生必须达到的DOK学习目标，以展示其熟练程度、能力和精通程度。知识深度的教学和测试以标准为起点和重点。然而，知识深度的教学和学习根据知识深度水平进行分层。在这个层次上，学生可以成功完成任务，并在已有基础上，达到或超越标准所要求的知识深度水平。课程为教师教学提供了资源支持。学生对活动、项目和任务做出回应，展示其学习的深度和广度。但是教学过程中的知识深度水平取决于标准中的要求、教学的内容和强度以及学生的能力。

理解知识深度

请你作为个体或是教师团队的一员，思考并回答以下问题。

- 如何运用知识深度与PLC过程保持一致？
- 标准所要求的知识深度水平如何准确指定学生必须学习的内容，以及展示所学的深度？
- 评估如何衡量和观测学生可以用来展示他们学习的不同的知识深度水平？
- 当部分学生在学习上遇到困难，而部分学生取得成功时，知识深度水平如何帮助你作出反应？
- 如何使用知识深度水平作为拓展和丰富所有学生学习的手段？
- 如何使用知识深度水平来鼓励学生以成长的心态来学习？
- 如何调整或修改课程，以应对和评估标准中的要求、增强和补充教学强度和内容，或加强和拓展学生学习的深度和广度？

第四章
知识深度水平如何作为多层次的支持系统

在第三章，我们了解到DOK模型的教学过程不仅基于标准，并且以学生为中心。我们了解了知识深度如何解决"推动和指导PLC过程，以提高学生成绩、教师效率和学校整体绩效"的四个关键问题。我们还了解了标准、评估、教学、学习和课程在DOK模型教学过程中所发挥的作用。但是，我们如何规划和提供DOK模型的教学过程，根据标准的需求和学生的能力进行分层教学？如何将知识深度水平转化为一个多层次支持系统（MTSS），为接受和需要专门支持的学生实施教学、干预反应、拓展学习和作出调整，从而实现并超越年级的目标？

为了回答这些问题，本章考察了知识深度水平如何作为多层次的支持系统。它研究了干预回应模式（RTI）的概念，特别关注"RTI工作模型"（RTI at Work model）和"倒金字塔"（Buffum et al., 2018）。它还解释了知识深度如何能够补充这个多层次的支持系统。本章深入研究了运用DOK模型进行分层干预、拓展和调整的复杂性，这为教育工作者提供了一个运用DOK模型实现所有学生高水平学习的模型。

本章以反思问题结束，能够让你评估目前为止自己对知识深度的理解。

如何将基于DOK模型的教学过程分层

对基于DOK模型的教学过程进行分层涉及以下内容：

- 向所有学生提供对应年级水平的教学，以便能够在教育的特定阶段展示自己在指定科目上的掌握程度或成功表现。

·提供预防性、支持性和补救性干预措施，来回应和支持学生达到甚至超越标准设定的预期的掌握程度和学生的个人目标。

·基于学生的特殊需求进行调整，以提升其基本能力，实现学业目标和发展目标。

·提供拓展和丰富学习的机会，促进和鼓励学生展示出超越标准要求的知识深度水平的学习。

图4.1展示了博富（Buffum）等人开发的基于RTI工作模型的DOK模块。其中描述了将RTI过程转化为一种教学方法，对学生个体的学习和社会情感需求做出回应。RTI旨在为每位学生实现高水平学习提供所需的支持、资源和时间（Buffum et al.，2018）。为此，RTI分为三个水平或层次：第1层，代表核心教学；第2层，代表补充性干预；第3层，代表为最需要的学生提供集中支持。将这些层次表示在倒立的RTI工作金字塔中，第1层包括倒金字塔顶部的最大部分，第2层在中间，第3层在倒金字塔的底部或尾部尖端处。这个尖端代表了学生，因此所有的努力和干预都集中在一个点上——学生个体。这种模式使学校、教育工作者和教师团队能够"不将这些层次视为通往传统的特殊教育的途径，而是将其视为深入挖掘学生个体需求的持续性过程"。

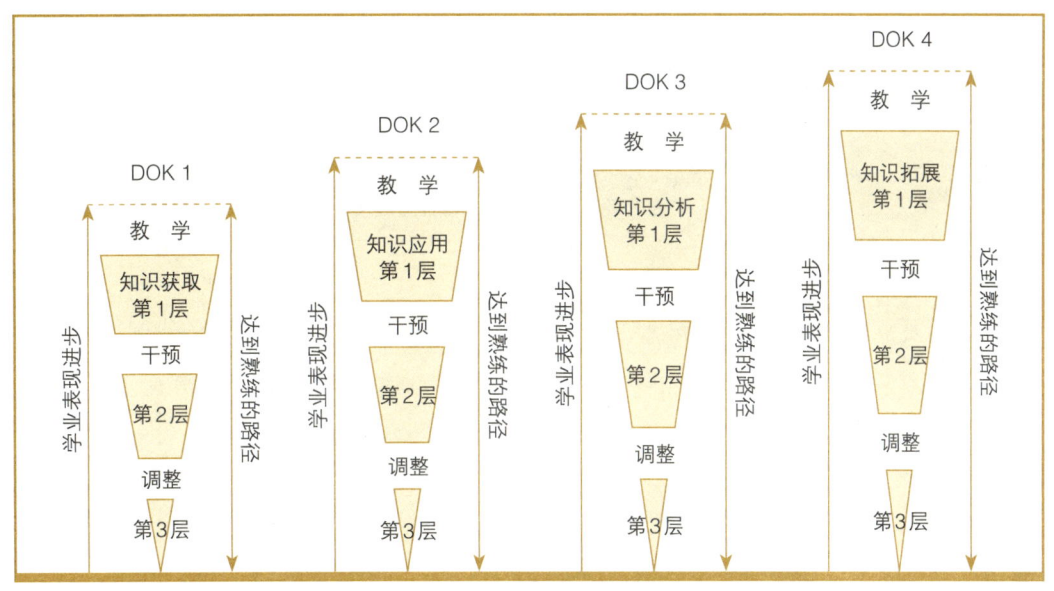

图4.1 运用知识深度水平作为多层次的支持系统

将RTI倒金字塔整合在DOK模块内，为基于标准要求和学生能力对DOK模型教学过程的内容和强度进行分层提供了策略和系统。每个知识深度水平都运用RTI过程来指导和支持学生在标准要求的知识深度水平上展示所学。这遵循了布莱克本提出的精准性的概念，即"创造一种环境，要求每个学生都能实现高水平学习，能够得到相应的支持，并且学生都能展示出高水平学习"（B. Blackburn，2013）。教师需要进行分层教学，来解决和评估学生在学习过程中存在的问题和差距。但是，教师不应该只关注学生不知道什么或不会做什么，而需要进行差异化和个性化教学，以明确与学生个人或整个班级能够展示成功表现相对应的知识深度水平。这使得RTI过程以及师生之间的互动更加积极，或更具社会性和情感性支持。教师需要根据学生优势和学业成就进行分层，从而推动学生进步、达到并超越标准中的学习目标（DOK基准线）所要求的知识深度水平。由此，RTI过程中知识深度能够及时回应学生。

图4.2使用单个DOK模块来展示RTI工作过程如何对熟练程度的发展路径以及DOK模型教学过程的学业表现发展过程进行分层。作为标准的基准，DOK基准线也是RTI的目标，即"确保所有学生都能实现高水平——相应年级水平学习，或一年比一年更好"（Buffum et al.，2018）。DOK模块内的倒金字塔详细说明了学生所能接受或所需的教学内容和强度取决于和学生能力与技能所对应的知识深度水平。促使和鼓励学生展示出超越标准中的学习目标的任何活动或评估都作为拓展学习进行实施和评估。这就是将它放在DOK基准线以及DOK模块内RTI倒金字塔的上方的原因。

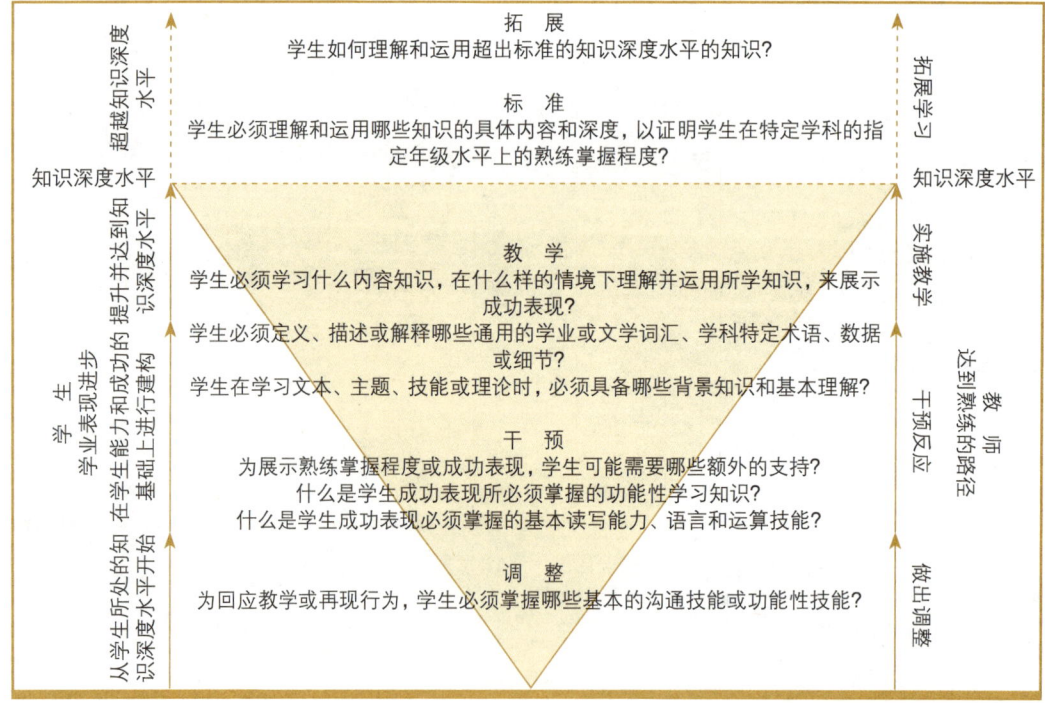

图4.2　对DOK模型教学过程进行分层

接下来的部分将进一步详细介绍：如何将DOK模型教学过程划分为干预、拓展、调整三个层次。

DOK模型和干预

RTI工作金字塔根据标准要求和学生的情况，将DOK模块划分为三个层次开展差异化教学和个性化学习。图4.3展示了个人DOK模型教学过程中的RTI过程。其中，DOK模块内的层次展现了教学的内容和强度。每一层实施和评估的DOK学习目标从标准中的学习目标里提取，而教学的内容和强度则取决于标准要求和学生能力。

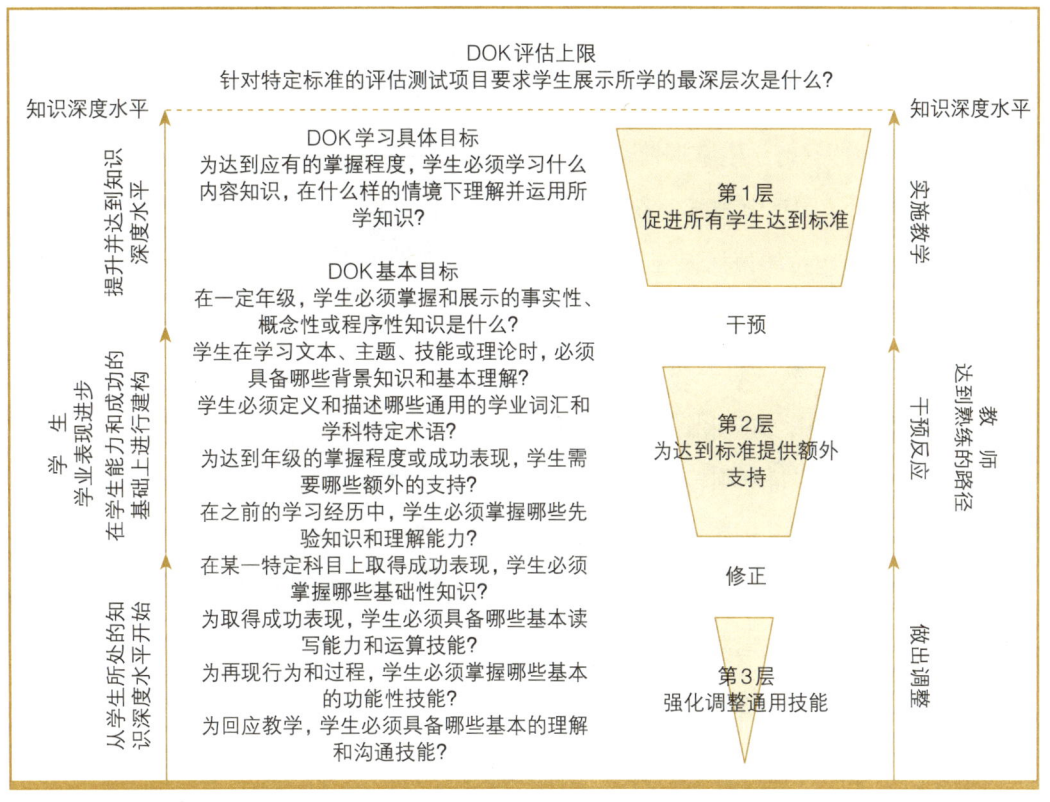

图4.3　个人DOK模型教学过程中的RTI过程

DOK模型教学过程的第1层，引导学生在当前年级标准所要求的知识深度水平上理解并运用所学。第1层教学的重点和目标是让所有学生接受基础的课程和有效的入门教学（Buffum et al., 2018）。根据标准中的学习目标重新构建的DOK学习目标和成功标准为展示学生在特定学科相应年级的掌握程度或成功表现确立了学习要求。

DOK模型教学过程的第1层干预是预防性的。教学重点和干预目标在于识别和回应学生的现有水平，并与该年级标准中的知识深度水平进行比较。这将决定教学的内容和强度。例如，如果学生难以证明其学习达到了标准所要求的知识深度水平，那么教师需要将教学层次调整到学生所处的知识深度水平，并指导和支持他们达到标准所要求的知识深度水平。

DOK模型教学过程的第2层，为学生提供"掌握对未来成功极其重要的第1层次中的特定技能、知识和行为所需的额外时间和支持"（Buffum et al.，2018）。这些额外时间和补充支持在常规安排的上课日程之内或之外都可以提供。学生也可以和能力相近或面临相似困难的同伴组队。一旦学生证明他们可以成功实现DOK学习目标，教师就需要在这一基础上指导和支持学生熟练且稳定地展示所学。

DOK模型教学过程第3层，为学生提供更加个性化和高强度的干预。这些干预措施更具补救性，关注学生在上一年级或相关课程学习中应该已经掌握的基础知识或原有知识。这些知识能够支持学生掌握博富等人所说的"通用技能"（universal skills），即"使学生能够在学校环境中理解教学、获取信息、展示理解和行为有效"的关键技能（Buffum et al.，2018）。通用技能包括识字、语言和算术等功能性技能。任课教师和具有专业证书或经过专业培训的教育工作者（如阅读专家、数学教学辅导专家、特殊教育教师或语言学习教师）通过小组或一对一教学的方式提供干预。

第1层和第2层中实施和评估的DOK学习目标是根据当前年级的标准重新构建的，而第3层的DOK学习目标则旨在实施和评估先前年级涵盖的内容知识。知识深度水平将根据标准要求和学生能力而变化。例如，二年级的数学标准要求学生解释为什么加减法策略有效是DOK 3。它的知识深度水平高于一些高年级的相关数学标准。但是，因为它明确说明了学生成功所需的基础知识或原有知识，所以它在第3层干预中被实施和评估。

DOK模块内RTI倒金字塔的层次并不意味着给学生贴标签，或认为学生永久处于一个特定的学习水平。RTI倒金字塔补充和支持年级的教学和学习，不是替代或取代它们。同时，也不应该限制学生在DOK模型教学过程中展示在特定RTI层次之外的学习。在DOK模型教学过程中，RTI的目标是确保所有的学生——无论在哪个层次展示成功表现——都能获得成功所需的必要精准教学和及时干预。此外，还应鼓励学生跨越各个层次来实现和超越标准中的学习目标。

用知识深度回应干预需要根据学生能够成功理解和运用所学的知识深度水平进行教学分层。如果学生证明他们可以展示成功表现，那么教学可以拓展或延伸到更深的层次，直到学生表现出感到困难的迹象。学生挣扎的水平就是需要密集干预的地方，这是解决差距的积极方法。这种干预建立在学生知道什么、会做什么、能产出什么的基础上，而不是明确甚至假设学生不知道什么、不会做什么或不能产出什么。

DOK模型和拓展

教育工作者也可以使用知识深度水平来规划和提供超出标准中的学习目标所要求的知识深度的教学过程。做到这一点的方式之一是拓展学习目标的教学重点和层次。例如，思考以下这条标准：

"明确作者在文章中的观点或目的，并解释它在文章中是如何表达的。"（CCSS.ELA-Literacy.RI.6.6；NGA & CCSSO，2010b）

以上的英语语言艺术标准属于DOK 3。如果拓展教学的重点和目标，鼓励学生运用示例和证据，或是运用同一主题下来自两个及以上作者或两篇及以上选文的观点或目的进行探索和解释，那么教学过程就属于DOK 4。

另一种拓展学习的方式是实施一个标准，使DOK模型教学过程以不同方式呈现。例如，思考以下这条标准：

"比较一个作者和另一个作者对事件的陈述。例如，不同作者为同一对象撰写的回忆录和传记。"（CCSS.ELA-Literacy.RI.6.9；NGA & CCSSO，2010c）

由英语语言艺术标准中的学习目标所要求的知识深度水平属于DOK 4，即鼓励学生用示例和证据来区分同一主题的两个陈述。它将DOK模型教学过程的重点和目标从评估文本的观点和目的转移到分析两个或更多文本如何处理相似的主题或话题，并对比文本或作者采用的方法。

DOK模型教学过程的拓展包括整合整个课程的内容知识。例如，思考以下标准示例：

"根据制造商、日期、产地、预期受众和目标等信息，评估历史资料的相关性和实用性。"（C3.D2.His.13.6-8；National Council for the Social Studies，2013）

这个历史标准中的学习目标要求学生运用证据支持的复杂推理，属于DOK 3。但是它促使学生理解和应用所学的来自不同学科的内容知识，拓展了DOK模型教学过程。

更高年级的标准也可以用于拓展学习。例如，思考以下标准示例：

- "明确文本中两个或以上的中心思想，并分析它们在文本中的脉络发展；对文本进行客观总结。"（CCSS.ELA-Literacy.RI.7.6；NGA & CCSSO，2010b）
- "明确作者在文本中的观点或目的，并分析作者如何接受和回应相互冲突的证据或

观点。"（CCSS.ELA-Literacy.RI.8.6；NGA & CCSSO，2010b）

• "明确作者在文本中的观点或目的，并分析作者如何使用修辞技巧来强调该观点或目的。"（CCSS.ELA-Literacy.RI.9-10.6；NGA & CCSSO，2010b）

• "在修辞性文本中明确作者的观点或目的，分析风格和内容如何有助于增强文本的影响力、说服力或美感。"（CCSS.ELA-Literacy.RI.11-12.6；NGA & CCSSO，2010b）

所有这些英语语言艺术标准中的学习目标都属于DOK 3——与目标年级的标准相同。但是，这些标准不仅拓展了教学的重点和目标，还促使学生实现更高年级的学习目标。这些学习目标能够支持学生的学业进步，彼得·梅洛希认为这是"对新内容的学习——通常以高于学生当前的年级水平进行教授"（Peter Merrotsy，2008）。

以高年级的标准实施教学是拓展学生学习的一种方式，但拓展学习并不等同于超出标准。博富等人将拓展定义为"学生被拉伸至超出基础年级水平课程或掌握程度"（Buffum et al.，2018）。学生超出特定标准中的知识深度水平拓展学习不是脱离标准。

DOK模型和调整

部分学生存在多样的、独特的需求，因此需要为他们提供专门的帮助和支持，使其能够达到并超越该年级的目标和要求。这些学生和同伴一样，接受着相同标准的教育。但是，教育工作者需要调整活动和评估，以便这些学生能够发挥最大的能力或潜力来展示其学习的掌握程度或成功表现。这类学生包括有特殊需求的学生、英语学习者以及天才学生等。

由加里·库克开发的拓展DOK阶段（EDOKs）是一种针对需要专门帮助和支持的学生（H.Gary Cook，2005，2007），对他们认知所需的标准和发展性评估进行分类和比较的DOK模型。例如，为特殊教育学生提供替代性评估，或为英语学习者提供语言掌握程度的评估。库克将DOK 1划分为三个不同的水平或阶段——要求学生展示其能力来回答（EDOK 1）、再现（EDOK 2）和回忆（DOK 1）。这将韦伯的DOK水平从四级拓展到六级。EDOKs不再用于替代性评估的一致性学习，但是在为特殊学生制订的个性化教育计划或为英语/第二语言学习者制订的个性化学习计划中，EDOKs能够对这些学生的特定认知或语言发展目标进行分类和明确。

图4.4以DOK模块描述知识深度水平和EDOKs。它显示了如何将这两个DOK模型作为MTSS方法与模式来使用，并阐明调整活动和评估的方法。韦伯的知识深度水平明确了年级目标的要求，而这些要求取决于标准、活动和评估的学习目标。EDOKs针对在

理解和沟通方面能力有限的学生，分类和明确了对其特定发展目标的要求。对于特殊的学习者，在学生个性化教育计划中EDOKs分类并明确了年度学业目标和短期目标的要求。对于英语学习者，基于语言能力标准水平的描述指标，EDOKs分类和明确了语言发展目标的要求。EDOKs叠加在知识深度水平之上，使DOK模型教学过程更加以学生为中心，这也是为什么EDOK模块用虚线呈现。

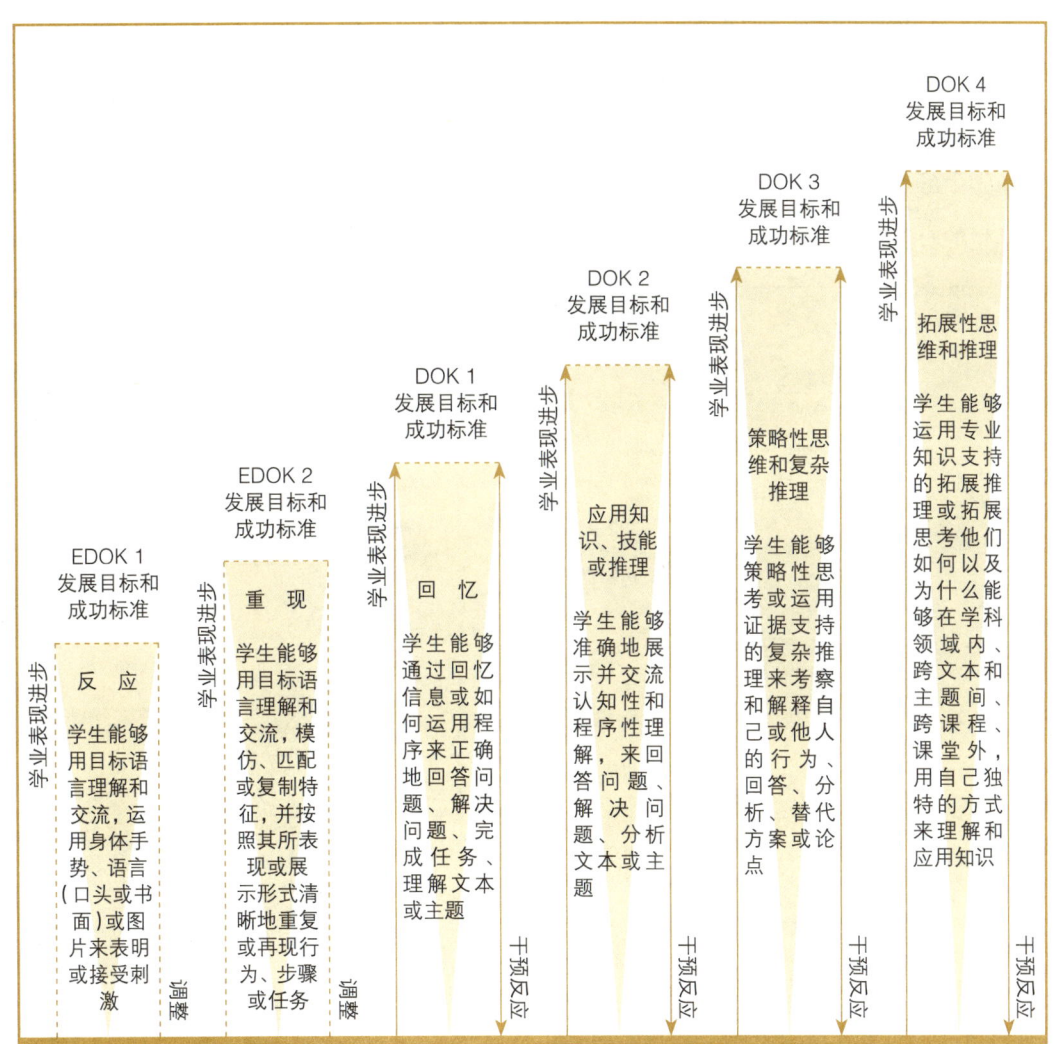

图4.4 知识深度水平和EDOK发展阶段

虽然两个EDOKs都致力于帮助学生发展基本的理解能力和沟通技能，但调整的目标不同。针对特殊学生，EDOKs强调认知发展；针对英语学习者，EDOKs关注语言发展。因此作出调整时，需要考虑EDOK中的"E"与谁有关、为谁服务。

表现出高能力、高动机和高潜力的学生也可以拓展知识深度水平。图4.5将DOK

模块调整为一个多层次的支持系统,以支持那些天才学生。我将这些称之为GDOK模块——"G"代表"有天赋"或"走得更远"(Genius)——这就是GDOKs要实现的。对于表现出高能力、高动机或高潜力学生,GDOKs将"加快"(GDOK 1)或"充实"(GDOK 2)相应年级的教学内容和强度,这些是天才学生接受或需要的帮助类型。GDOK模块的深度和广度与年级的标准、活动和评估所要求的知识深度水平相关。例如,如果学习目标所要求的知识深度水平是DOK 2,那么GDOK 1将让天才学生挑战以更高年级水平理解和运用其所学,从而横向地加速DOK模型教学过程(如五年级学生以八年级、高中或大学水平理解并运用所学)。GDOK 1策略的示例包括课程压缩和跳级。GDOK 2通过将内容与学生的个人兴趣联系起来或激发学生的好奇心,使他们的探索更深入,从而丰富天才学生的DOK模型教学过程。GDOK 2的示例包括提供自主学习、使用学习协议,或在

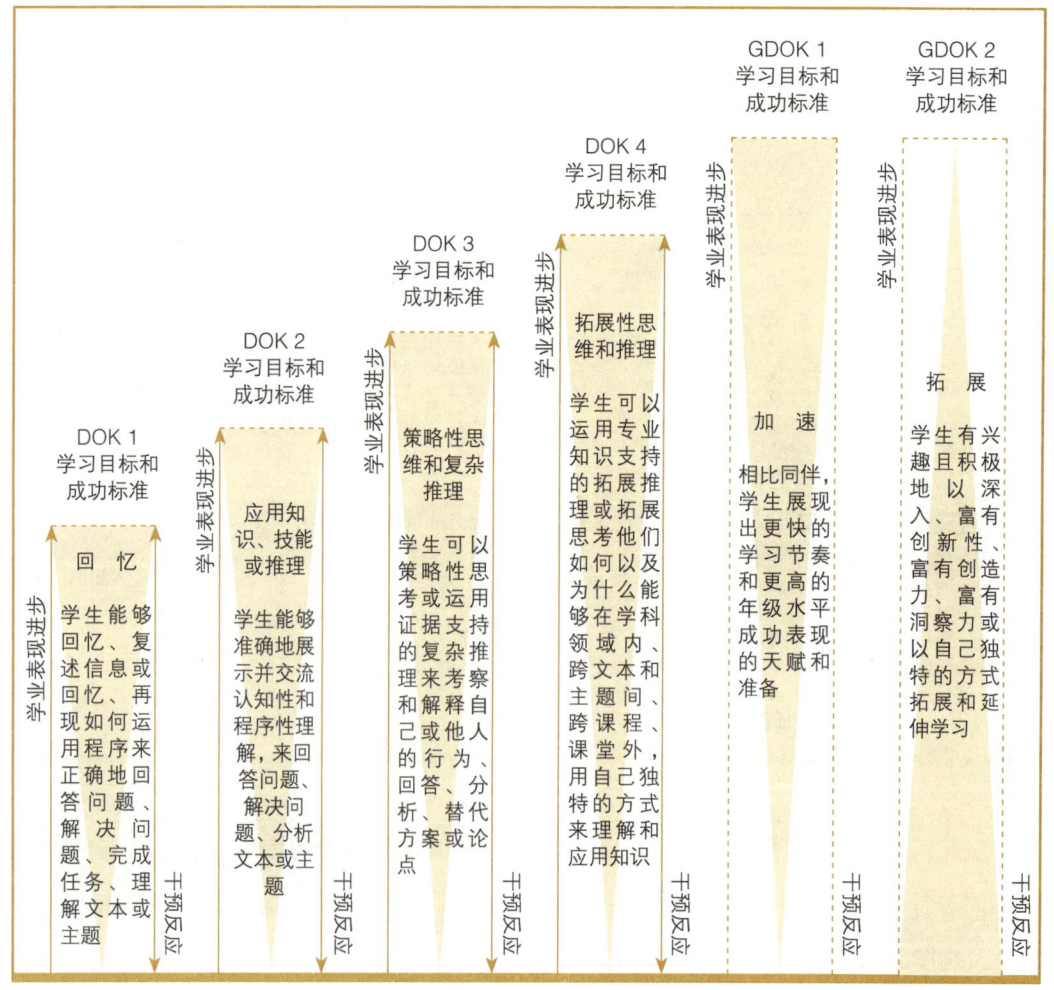

图4.5　知识深度水平和作为MTSS为天才学生提供的GDOK

课堂内外创建学习中心。这些策略针对性地处理和扩充了学习内容，迎合了学生的长处和兴趣。

GDOK模块非常个性化，培养和评估学生长处及其个人兴趣来拓展他们的学习。这就是为什么GDOK模块中RTI金字塔不是倒立的——基于标准要求以及学生个人长处和兴趣，来充实教学的内容和提高强度。

GDOKs也确保天才学生有机会在所有知识深度水平上理解和运用所学，而不仅仅是更高层次的水平。教师不应该要求表现出高能力、高动机或高潜力的学生总是或仅仅在最高的知识深度水平理解和运用其所学。反过来，教师也不应该禁止或劝阻这些学生在低级或简单的知识深度水平上展示其学习。这为蓝祖利等人开发的"丰富教学模式"提供了理念和实践的补充与支持（J. Renzulli & S. Reis，2014）。该模式倡导所有学生都应该有机会加快和充实学习。但是，加快和充实学习的内容和强度取决于学生个人的独特才能、兴趣或长处。

EDOKs和GDOKs都能培养和支持双重身份学生的独特长处和需求。例如，针对认知和语言发展的EDOKs可用于调整接受特殊教育的英语学习者的活动和评估。GDOKs可以与针对认知和语言发展的EDOKs一起用于加快或充实学习困难学生或天才学生的DOK模型教学过程。针对认知和语言发展的EDOKs、GDOKs都可以用于培养和评估面临学习或发展挑战的天才英语学习者的独特优势和需求。

无论是EDOKs还是GDOKs，都不是学生必须展示其所学的另一种知识深度水平。和知识深度水平类似，它们提供一种分类，明确了不同且更深层次的方式来支持有特殊能力和需求的学生，使他们能够达到和超越一般掌握程度、个人目标。它们还为学生提供了额外的支持，使学生能够发挥最大的能力和潜能来展示掌握程度或成功表现。它们也具有适应性和灵活性，教师可以根据标准要求和学生能力调整教学的内容和强度。教师可以用它们覆盖或合并任何DOK模块，使DOK模型教学过程具备精准性、社会和情感支持性以及对学生及时反应。

总　结

我们需要理解DOK模型教学过程是如何基于标准要求和学生学情来分层的。我们还需要理解知识深度水平如何作为一个多层次的支持系统来实施教学、干预反应、拓展学习和作出调整。每个知识深度水平都利用RTI过程来指导和支持学生按照标准中的学习目标所要求的水平来展示其学习。知识深度水平的分层决定了学生接受和需要的教学内容和强度。拓展的DOK模型教学过程要求学生在超越标准中的学习目标的知识深度水平或年级水平展示其学习。EDOKs旨在培养、评估和帮助特殊学习者或英语学习者掌握成功所需的基本理解能力和沟通技能。GDOKs为那些表现出高能力、高动机或高潜力的学生加快和充实了DOK模型教学过程。类似于RTI分层，EDOKs和GDOKs补充和支持那些接受和需要专门帮助的学生，使他们能够达到和超越一般掌握程度、个人目标。

理解知识深度

请你作为个体或是教师团队的一员，思考并回答以下问题。

- 如何运用知识深度水平为所有学生提供相应年级水平的教学？
- 如何运用知识深度水平为第1层有困难的学生提供预防性干预？
- 如何运用知识深度水平为第2层有困难的学生提供补充性干预？
- 如何运用知识深度水平为第3层有困难的学生提供加强性干预？
- 如何运用知识深度水平拓展学生的学习，使其超越标准中的学习目标的认知要求？
- 如何运用EDOKs为接受和需要特殊教育帮助和支持的学生作出调整？
- 如何运用EDOKs为正在学习和提升语言流畅性的英语学习者作出调整？
- 如何运用GDOKs来加快或充实那些表现出高能力、高动机或高潜力的天才学生的DOK模型教学过程？

— 第二部分 —

应用知识深度

第五章
如何为知识深度解构学习目标

在第四章，我们学习了如何根据标准要求以及学生能力，对DOK教学进行分层。然而，如何用标准中的学习目标指明教学重点，确定学生必须学习的内容？如何结合具体情况表明教学目的，阐明学生必须在多大程度上完成学业表现要求？如果某个标准中的学习目标包含多个认知行为动词或子目标，该怎么处理？

为了回答这些问题，本章将把解构标准中的学习目标并确定所要求的知识深度的这个过程，一一拆解。你将发现如何辨别和提取学习目标的重要组成部分，包括学业表现要求和情境。你也会发现标准中学习目标的哪一部分决定了所要求的知识深度水平。你还会发现标准中的学习目标可能包含多个决定其整体DOK水平的具体目标。本章的最后，给出了一张可反复使用的表格，能帮助你解构标准中的学习目标。

如何通过解构学习目标来确定知识深度的要求

确定知识深度，需要通过以下行为来解构标准中的学习目标。

- 确认学业表现要求。
- 阐明情境。
- 检查措辞。

表5.1展示了如何将标准中的学习目标解构为各个组成部分。它是一份DOK表——一个直观的辅助工具。我们将在接下来的几章中使用它来解构标准、活动和评估的学习目标，并确定相应的DOK水平。学习目标里的动词，表示学生的思维类型，明确了学生将要展示的认知行为。学习目标里的名词或短语，表示学生将要学习的内容，明确了教学重点。学习目标里其余的词语和短语，详细说明了学生必须展示的学习情境，明确了

教学目标的范围。教学重点和教学目标的复杂性，决定了标准中的学习目标所要求的知识深度。

表5.1 解构学习目标的DOK表

思维类型	知识深度	
认知行为	教学重点	教学目标
动词	名词或名词短语规定了学生必须学习的内容	这些词语和短语具象化了学生必须展示的学习深度
学业表现要求		情境

确认学业表现要求

为知识深度解构学习目标的第一步，是确认学业表现要求。学业表现要求说明了学习者做什么和/或产出什么，才会被认为是符合预期水平的（Mager，1997）。它由动词加名词短语的形式组成，动词表示学生必须展现的认知行为，名词短语表示学生将要学习的内容知识。例如，参考下面这条数学标准：

"化简数值表达式，不包含指数且最多包含两个级别的分组。"

这条数学标准中的学习目标，由认知行为动词"化简"开头，这是学生必须展示的思维类型。名词短语"数值表达式"指的是学生将要思考的知识内容——或者说，在这种情况下，它就是"化简"这个动作的具体对象，这是教学重点。动词加名词短语，两者共同描述了学业表现要求。

表5.2展示了如何使用DOK表，将这条数学标准中的学习目标解构成各个组成部分。把"化简"这个词单独列出，确认了这是学生的认知行为和思维方式。这对把学习目标重构为DOK学习目标也是有帮助的（我们将在第七章继续展开）。名词短语"数值表达式"不仅确定了教学重点，还确定了学生必须学习的内容，这就是它被写在"知识深度"这一栏里的原因。

表5.2 如何在DOK表里写出学业表现要求

思维类型	知识深度
认知行为	教学重点
化简	数值表达式
学业表现要求	

教学重点具体化了学生将要展示的思考的内容领域。赫斯指出，长期记忆中存储的思考和可获取信息是指向具体领域的，而不仅是笼统的心理加工过程（Hess, 2018）。例如，"分析"文学或历史等信息或文本相关的学科，需要一套不同于"分析"程序性学科（如数学）或表现性学科（如艺术、音乐或体育）的心理加工技能。教学重点明确了学生在特定学科领域达到预期表现必须展示的心理加工过程，即DOK技能。表5.3展示了当学生需要分析某个特定学科的内容知识的时候，学习目标要求学生展示的DOK技能范围。具体的DOK技能，将决定标准、活动和评估的DOK水平。

表5.3 DOK示例：教学重点如何明确学生必须表现出的DOK技能

思维类型	知识深度	
认知行为	教学重点	DOK技能
分析	比例关系（数学）	回忆如何做 应用知识、概念和技能 策略性思考 拓展性思考
	观点（文学和语言艺术）	回忆信息 使用信息和基本推理 使用证据支持的复杂推理 使用专业知识支持的拓展推理
	地球科学数据（科学）	回忆如何做 应用知识、概念和技能 策略性思考 拓展性思考
	波斯和希腊城邦之间的战争（历史）	回忆信息 使用信息和基本推理 使用证据支持的复杂推理 使用专业知识支持的拓展推理
	公共政策（政治）	回忆信息 使用信息和基本推理 使用证据支持的复杂推理 使用专业知识支持的拓展推理

续表

思维类型	知识深度	
认知行为	教学重点	DOK技能
分析	文化和环境特征（地理）	回忆信息 使用信息和基本推理 使用证据支持的复杂推理 使用专业知识支持的拓展推理
	视觉表达的组成部分（艺术）	回忆如何做 应用知识、概念和技能 策略性思考 拓展性思考
	音乐元素（艺术）	回忆信息 使用信息和基本推理 使用证据支持的复杂推理 使用专业知识支持的拓展推理
	文化背景（语言）	回忆如何做 应用知识、概念和技能 策略性思考 拓展性思考
	食物选择（健康和体育）	回忆信息 使用信息和基本推理 使用证据支持的复杂推理 使用专业知识支持的拓展推理
	学业表现要求	认知要求

在期望学生展示相同思维类型的情况下，教学重点也区分了学习目标要求的DOK技能。参考表5.4中的学业表现要求，虽然都希望学生能够"辨别"，然而"中心思想和主题"是比"文学元素"更复杂的概念，与"中心思想和主题"对应的教学重点，也要求学生展示更深层次的DOK技能。

表5.4　DOK示例：区分思维类型相同的标准的表现要求和认知要求

思维类型	知识深度	
认知行为	教学重点	DOK技能
辨别	文学元素	回忆信息
	中心思想和主题	使用证据支持的复杂推理
	学业表现要求	认知要求

阐明情境

学习目标的情境，详细说明了学生展示学习的深度和广度，同时也明确了教学目标——学生达成学业表现要求的范围。表5.5展示的词语和短语阐明了学生必须化简数值表达式的程度和情境。为了使教学目标的范围更加明确，且更加容易理解和回顾，我们对教学目标的范围进行了逐条分类——或者说是按照米勒（G. Miller，1956）的说法进行了分组。

表5.5　DOK示例：辨别特定情境中的教学目标

思维类型	知识深度	
认知行为	教学重点	教学目标
化简	数值表达式	不包含指数且最多包含两个级别的分组
	学业表现要求	情境

此外，情境也澄清了学生展示的DOK技能。参考表5.6中的学习目标，请注意，当学生需要分析特定学科的某些内容知识时，情境是如何具体化DOK技能要求的。

表5.6　DOK示例：剖析学业表现要求的情境和认知要求

思维类型	知识深度		
认知行为	教学重点	教学目标	DOK技能
分析	比例关系	用来解决以下问题： • 数学问题 • 现实世界的问题	策略性思考

续表

思维类型	知识深度		
认知行为	教学重点	教学目标	DOK技能
分析	观点	以下的元素差异是如何产生如悬念或幽默这样的效果的： • 人物 • 读者或受众	使用证据支持的复杂推理
	地球科学数据	来论证地球表面的一个变化可以产生连锁反应，从而引起地球其他系统的变化	策略性思考
	波斯和希腊城邦之间的战争	• 主要事件 • 波斯人未能征服爱琴海的原因	使用信息和基本推理
	公共政策	在多种环境中的下列方面： • 目的 • 实施 • 后果	使用证据支持的复杂推理
	文化及环境特征	在世界不同地区之间的变化方式	使用信息和基本推理
	视觉表达的组成部分	是如何传递信息的	应用知识、概念和技能
	音乐元素	与下列事项的关系： • 风格 • 情绪	使用信息和基本推理
	文化背景	在下列方面的正式模式和非正式模式： • 行为 • 文化实践	使用信息和基本推理
	食物选择	与下列有关的影响： • 体育活动 • 青少年运动 • 个人健康	使用证据支持的复杂推理
学业表现要求		情境	认知要求

情境也区分了具有相似学业表现要求的学习目标的认知要求。参考表5.7里的教学目标，看看情境是如何澄清学生必须辨别文学元素的深度和广度的。情境也决定了学生必须展示的DOK技能的认知要求。

表5.7　DOK示例：明确学业表现要求相同但情境不同的标准

思维类型	知识深度		
认知行为	教学重点	教学目标	DOK技能
辨别	文学元素	在文本中	回忆信息
		是如何相互影响的	使用信息和基本推理
		对文本其他方面的影响（如技巧和结构）	使用证据支持的复杂推理
		• 两篇或两篇以上同一体裁的文本 • 对文本其他方面的影响	使用专业知识支持的拓展推理
学业表现要求	情境		认知要求

情境还通过相当于高阶思维的认知行为动词，阐明了学习目标的复杂性和精准性。根据修订后的布卢姆教育目标分类（Anderson & Krathwohl，2001），以下例子中的认知行为动词——创造，被归为学生能够展示的最高的思维水平。

• "创建多个事件的时间表。"（C3.D2.His.K-2；National Council for the Social Studies，2013）

• "创建并使用相关事件的时间表，来比较同时发生的事件的发展。"（C3.D2.His.3-5；National Council for the Social Studies，2013）

• "创建并使用事件的时间表，来分析在更广泛的历史背景下事件和发展之间的联系。"（C3.D2.His.6-8；National Council for the Social Studies，2013）

• "创建并使用事件的时间表，来评估历史事件和发展是如何被独特的时间、地点、环境所塑造的。"（C3.D2.His.9-12；National Council for the Social Studies，2013）

认知行为动词"创造"，决定了前面标准中所要求的思维类型，而学习目标所包含的其他词语和短语，则明确了学生必须"创造什么以及创造的深度"。这些词语和短语，决定了对学生的心理加工过程（即DOK技能）的认知要求，也真正决定了学习目标的复杂性和精准性。表5.8展示了如何把这些同为"创造"的学习目标，放在赫斯认知精准矩阵的不同位置上。请注意，所有这些学习目标都被编码为布卢姆的水平6。然而，DOK水平的高低，则取决于每个学习目标要求学生创造的具体内容和深度。

表5.8 确定学习目标的认知精准

修订后的布卢姆教育目标分类	韦伯的DOK水平			
	DOK 1	DOK 2	DOK 3	DOK 4
创造	创建多个事件的时间表。(BLOOM 6, DOK 1)	创建并使用相关事件的时间表，来比较同时发生的事件的发展。(BLOOM 6, DOK 2)	创建并使用事件的时间表，来分析在更广泛的历史背景下事件和发展之间的联系。(BLOOM 6, DOK 3)	创建并使用事件的时间表，来评估历史事件和发展是如何被独特的时间、地点、环境所塑造的。(BLOOM 6, DOK 4)

检查学习目标的表述方式

有些学习目标是一个简单的表述，包含单一目标。然而，大多数标准都包含多个目标。例如：

"确定词语和短语在文本中使用的意义，包括比喻意义、内涵意义、技术含义；分析具体用词选择对意义和语气的影响。"(ELA-Literacy.RI.7.4; NGA & CCSSO, 2010b)

这条英语标准中的学习目标，包括两个认知行为动词："确定"和"分析"，每一个动词都引入了一个单独的目标。表5.9展示了如何使用DOK表，把这条标准中的学习目标解构为两个独立的目标。

表5.9 DOK示例：解构包含多个目标的标准

思维类型	知识深度	
认知行为	教学重点	教学目标
确定	词语和短语的意义	它们在文本中使用，包括以下内容： • 比喻意义 • 内涵意义 • 技术含义

续表

思维类型	知识深度	
认知行为	教学重点	教学目标
分析	用词选择	对以下方面的具体影响： • 意义 • 语气
学业表现要求		情境

有些学习目标可能被表述为包含两个或更多目标的单一陈述。例如：

"解释美国内战的原因，并评价奴隶制度作为冲突主要原因的重要性。"（USE.Std.3 A.5-12；National Center for History in the Schools，1996）

这条历史标准中的学习目标主要表现为两个目标之间的关联，但两个目标的学业表现要求和情境是不同的。表5.10展示了如何将这种学习目标分解为两个目标。活动和评估可以针对一个或两个目标进行，但学生必须完成这两个目标，才能证明自己达到了要求的掌握程度。

表5.10 DOK示例：解构复合目标

思维类型	知识深度	
认知行为	教学重点	教学目标
解释	美国内战	原因
评价	奴隶制	它作为冲突主要原因的重要性
学业表现要求		情境

有些学习目标以两个或多个认知行为动词开头，后面跟着相同的教学重点，这意味着学生必须展示多个步骤。例如：

"辨别并解释基本语序在各种语言系统里的异同。"（AERO.WL.4.1.G2；Project AERO，2018）

这条语言标准中的学习目标，要求学生完成两个步骤。首先，学生必须辨别语言系统的基本语序的异同。然后，学生必须解释这些异同。表5.11展示了如何使用DOK解构这个学习目标，并把学生必须展示的步骤具体化。学生必须完成这两个步骤（或目标），以证明自己达到了要求的掌握程度。

表5.11　DOK示例：解构包含多个步骤的标准

思维类型	知识深度	
认知行为	教学重点	教学目标
辨别	基本词序	各种语言系统里的异同
解释		
学业表现要求	情境	

有些学习目标的特点是，有一个描述学业表现要求的主要目标，紧随其后还具体描述了情境条件的一个或多个目标。例如：

"建立并使用一个模型，来描述细胞的完整功能，以及细胞的组成部分如何对细胞功能做出贡献。"（NGSS-MS-LS1-2；NGSS Lead States，2013）

这条科学标准中的学习目标要求学生建立科学模型，这是主要目标。紧随其后的是，反映了教学目标的条件目标。虽然这些条件目标也可以被解构，来确定相应的认知要求，但是它们不是学生必须达成的独立目标。这些条件目标阐明了学生必须达成目标的情境。表5.12展示了如何将这条科学标准解构成主要目标和条件目标。

表5.12　DOK示例：解构包含主要目标和条件目标的标准

思维类型	知识深度	
认知行为	教学重点	教学目标
建立	一个科学模型	并用它来描述以下几点： • 单个细胞的功能 • 细胞的组成部分对细胞行使功能的贡献
学业表现要求	情境	

有些学习目标的特点是，有不同形式或时态的认知行为动词，例如：

"运用位值、运算的性质、乘除法的关系等策略，在最大以四位数作为被除数且两位数作为除数的情况下，求出整数商。"（MATH.CONTENT.5.NBT.B.6；NGA & CCSSO，2010a）

这条数学标准中的学习目标包含两个动词。动词"求出"引出了一个目标，动词"运用"引出了另一个目标。这类动词都表示学生必须展示的认知行为。表5.13展示了如何将学习目标分解为这两个独立的目标。

表5.13　DOK示例：有两个目标的标准

思维类型	知识深度	
认知行为	教学重点	教学目标
求出	整数商	最大以四位数作为被除数且两位数作为除数
运用	策略	根据以下情况： • 位值 • 运算的性质 • 乘除法的关系
学业表现要求		情境

总　结

解构DOK的学习目标是一个复杂的过程。它要求我们不仅仅是通过找出动词和名词，来辨别学生必须掌握的关键概念和技能。为了让这个过程变得更简单，请记住以下几点。

• 学习目标的动词，表示学生必须展示的认知行为。当辨别出动词后，就把动词剥离出来，再来看后面的词语和短语。这些词语和短语将决定所要求的知识深度。

• 留意名词或名词短语，它们表示学生要思考或学习的具体内容知识，即教学重点。只要辨别出了名词或名词短语，就能确认学生的学业表现要求——也就是，学生到底必须知道什么、必须做什么，或者必须产出什么。

• 所有跟在学习目标动词后面的其他词语和短语都是表示学生必须展示的学业表现要求的情境。将这些词语和短语分门别类，让教学目标的要求及标准简洁明了。

• 如果学习目标包含一个以上的动词，这意味着标准要求学生完成一个以上的目标。把这些动词切分开来，继续进行解构目标的过程。

• 如果标准包含两个目标且目标之间用连词或逗号连接，这意味着学习目标是复合目标。这些目标都需要解构。

• 如果标准以两个或两个以上的认知行为动词开头，并且具有相同的教学重点和目标，这意味着学习目标是一个多步骤的表现或过程。这些目标都需要解构。

- 在学习目标中，第一个目标是描述学业表现要求的主要目标。所有紧随学业表现要求之后的目标都是有条件的目标，这些目标阐明了情境。
- 在学习目标中，所有的认知行为动词都可能成为学生必须完成的目标。
- 在学习目标范围内，活动和评估可以对应其中的任何目标。学生必须完成所有的目标，才能证明自己达到了DOK水平要求展示的掌握程度。

应用知识深度

请你作为个体或是教师团队的一员，思考并回答以下问题。

从你所在年级或学科的标准、活动和评估中选择一个学习目标，使用本章结尾的"解构学习目标的知识深度列表"表格工具，按以下步骤进行操作：

1. 从标准中找出有关目标的表述，原封不动地写在表格"学习目标"一栏里。不要修改任何措辞。

2. 辨别有关学习目标的动词，把它写在"认知行为"一栏里，这是学生必须展示的思维类型。

3. 留意名词或名词短语，来辨别学生要思考和学习的具体内容，并写在"教学重点"一栏里。

4. 将"学习目标"一栏其他的词语和短语写在"教学目标"一栏里。

5. 如果"学习目标"一栏中还有动词，那就继续把动词写在"认知行为"一栏里，重复步骤2、3、4，依次辨别"教学重点"和"教学目标"。这样一来，你就知道了在学习目标中，究竟有多少需要达成的目标。

附：解构学习目标的知识深度列表

学习目标		
认知行为	教学重点	教学目标
学业表现要求		情境

第六章
如何确定任务要求的知识深度水平

在第五章，我们学习了如何解构一个学习目标，来确认学业表现要求，以及学生将在什么情境下展示自己的学习。我们发现，学习目标决定了知识深度水平的要求。我们还发现需要检查学习目标的表述，来确定学生必须达到多少目标。但是，标准、活动和评估的DOK水平是什么？教学的重点和目标如何决定学生必须完成的DOK任务的要求、学生必须展示的DOK技能，以及学生必须给出的DOK回应？如果某个学习目标包含多个子目标，那么决定标准、活动、评估项目的总体DOK水平的是哪个目标？另外，如果教学重点或目标的认知要求不清楚或存在问题，该怎么办？

为了回答这些问题，本章将讨论确定某个学习目标的DOK水平时，需要注意的若干重要方面。你将学习如何确定学生必须完成的DOK任务、必须展示的DOK技能，以及必须给出的DOK回应。你还会发现如果学习目标有多个子目标，且不清楚DOK水平，应该怎么做；以及如何把DOK描述指标作为一种检查和平衡的系统。本章的最后，给出了一张可反复使用的表格，能帮助你确定学习目标的DOK水平。

如何确定知识深度水平

你可以根据下列一条或多条信息，确定标准、活动和评估所需要的DOK水平。
- 学生必须完成的DOK任务。
- 学生必须展示的DOK技能。
- 学生必须给出的DOK回应。

表6.1丰富了之前的DOK表，增加了一个新的部分，用来确定学习目标的认知要求。新增的认知要求以DOK描述指标为特色，这些描述指标以最简单和最具体的术语

定义了学生必须准确理解和应用的学习内容的深度。这些DOK描述指标也有助于根据DOK水平确定认知要求。

表6.1 确定DOK水平的DOK表

思维类型	知识深度					
认知行为	教学重点	教学目标	DOK任务	DOK技能	DOK回应	DOK水平
动词原形	内容知识名称	要求及准则	学生必须完成的活动或项目的期望	学生必须表现的具体心理加工过程	学生必须给出的反应程度	DOK 1 DOK 2 DOK 3 DOK 4
学业表现要求		情境	认知要求			

确定DOK任务

DOK任务是学生需要成功完成的课程活动或测试项目。表6.2中的DOK描述指标定义了不同任务要求对应的DOK水平。它们描述了标准、活动和评估要求学生知道什么、做什么或产出什么。

表6.2 DOK水平与DOK任务需求

DOK水平	DOK任务对学生的要求
DOK 1（低）	仅事实 仅照做
DOK 2（中）	展示、分享或总结 演示和沟通 具体化并解释 举出例子和反例
DOK 3（高）	深入钻研 探究并调查 批判性地思考或解决问题 创造性地思考 辩护、证明或用证据进行反驳 联系、确认、总结、考虑或批评
DOK 4（拓展）	深入某个学科领域 超越文本和话题 跨越课程 走出课堂，在真实世界中运用

DOK任务需求取决于内容（如解释文字和解释比喻性语言）和任务（如解决常规问题和解决非常规问题）的复杂性（Hess et al.，2009a）。DOK任务的描述指标把这种复杂性，用简洁明了的语言（尤其是对学生而言）表达了出来。使用DOK任务的描述指标将帮助学生认识和了解必须知道什么、做什么、产出什么，来证明自己的熟练掌握程度、成功表现或学习进步。

确定DOK任务的要求，才能确定学生必须学习的内容知识的复杂性、必须完成的任务的要求和标准。然后新的问题随之而来："什么是学生必须知道、完成、产出或为其提供的内容和深度，使他们能够达到标准或者完成任务？"这时就可以用一个DOK任务的描述指标回答这个问题。得到的回应将决定DOK需求和DOK水平。

确定DOK技能

DOK技能具体化了学生必须展示的心理加工过程。决定DOK技能的是内容理解的深度和学习活动的范围，这体现了从任务开始到任务结束，完成任务所需的技能（如计划、研究、得出结论）（Hess et al.，2010 a）。表6.3展示了在每个DOK水平上，学生可以展示的不同的DOK技能。

表6.3　DOK水平与DOK技能要求

DOK水平	学生必须展示的DOK技能
DOK 1（低）	回忆信息 回忆如何做
DOK 2（中）	应用知识、概念和技能 运用信息和基本推理
DOK 3（高）	策略性思考 使用证据支持的复杂推理
DOK 4（拓展）	使用专业知识支持的拓展推理 拓展性思考

DOK技能也是学生必须思考和发展的知识类型。表6.4展示了由安德森和克拉斯沃（Anderson & Krathwohl）在2001年增订并由沃尔克普（J. Walkup）在2020年扩展的布卢姆分类学中，根据知识维度分类的不同知识类型。需要注意的是，事实性知识和程序性知识是如何要求学生理解和运用一系列具体的DOK技能的。对于其他类型的知识，DOK技能的要求取决于学生展示学习的情境。

为了确定学生必须展示的DOK技能，首先需要明确展示思维的内容领域，并对教学重点期望学生发展的知识进行分类。然后验证标准、活动和评估的范围。这将具体化学生必须展示出掌握程度或成功表现的心理加工过程（或DOK技能）。

表 6.4　不同类型的知识及对应的具体DOK技能

知识维度	教学重点	DOK技能和水平
事实性知识	术语知识	DOK 1：回忆信息 DOK 2：使用信息和基本推理 DOK 3：使用证据支持的复杂推理 DOK 4：使用专业知识支持的拓展推理
	具体细节和要素的知识	
程序性知识	算法和公式的知识	DOK 1：回忆如何做 DOK 2：应用知识、概念和技能 DOK 3：策略性思考 DOK 4：拓展性思考
	方法和技术的知识	
	准则知识	
概念性知识	分类和类别的知识	取决于情境（教学目标）
	原理和通用的知识	
	理论、模型和结构的知识	
元认知	策略性知识	
	条件知识或情境知识	
	自我认知	
相关知识	个人（当下）	
	个人（未来）	
	专业	
	社会	
	学业或学术	
沟通知识	词汇	
	写	
	说	
	听	

来源：改编自 Anderson & Krathwohl, 2001；Walkup, 2020.

确定DOK反馈

确定对应的DOK水平的另一种方法是明确学生必须给出的DOK反馈。表6.5展示了每个DOK水平要求学生给出的不同回应。

表6.5　DOK水平与所需的DOK反馈

DOK水平	学生必须给出的DOK反馈
DOK 1（低）	正确回应
DOK 2（中）	用案例构建和解释
DOK 3（高）	用证据检查和解释
DOK 4（拓展）	用案例、证据探索和解释

DOK反馈决定了成功的标准，传达了学生需要回应的内容和深度。它还以清晰易懂的语言和方式，传达对学生学业表现的期望。无论是教师还是学生，都容易意识和发现某个标准、活动和评估是仅仅要求学生正确应答，还是应用证据进行检查和解释。

我们可以用两种不同的方法来确定DOK反馈，一是概括出学习活动或评估要求学生回应的深度和广度；二是先确定某条标准中学习目标的DOK水平，再决定实施标准的活动和评估中学生必须回应的深度和广度。

如果学习目标包含多个子目标如何处理

如果某个学习目标包含多个子目标，那么决定标准整体DOK水平的是其中认知要求最高的目标。例如，在表6.6中，第一个目标是DOK 2，因为它要求学生用例子构建和解释（DOK反馈）如何应用知识、概念和技能（DOK技能），来确定某个文本中词语和短语不同的意义。第二个目标是DOK 3，因为它要求学生深入研究（DOK任务），用证据审查和解释（DOK反馈）具体的词语选择对意义和语气的影响。这就是DOK评估的上限，它决定了学习目标的整体DOK水平为DOK 3。

表6.6　为包含多个子目标的学习目标确定DOK水平

思维类型	知识深度				
认知行为	教学重点	教学目标	DOK任务	DOK技能	DOK回应	DOK水平
确定	词语和短语的意义	它们在文本中使用，包括以下内容： • 比喻意义 • 内涵意义	演示和沟通	应用知识、概念和技能	用示例构建和解释	DOK 2（中）
分析	用词选择	对以下方面的具体影响： • 意义 • 语气	深入钻研	使用证据支持的复杂推理	用证据检查和解释	DOK 3（高）
学业表现要求		情境	认知要求			

对于复合目标，第二个目标通常决定学习目标的整体DOK水平。例如，在表6.7中，第二个目标是DOK 3，因为它要求学生探究和调查（DOK任务）如何使用证据支持的复杂推理（DOK技能）来检查和解释（DOK回应）作为美国内战主要原因的奴隶制的作用。活动和评估可以实施这两个目标中的任何一个，但是项目和任务必须满足第二个目标，才能被视为与标准匹配。

表6.7　为包含复合学习目标确定DOK水平

思维类型	知识深度				
认知行为	教学重点	教学目标	DOK任务	DOK技能	DOK回应	DOK水平
解释	美国内战	原因	具体化并解释	使用信息和基本推理	用示例构建和解释	DOK 2（中）
评估	奴隶制	它作为冲突主要原因的重要性	探究和调查	使用证据支持的复杂推理	用证据检查和解释	DOK 3（高）
学业表现要求		情境	认知要求			

标准中学习目标的子目标数量，不会影响该标准的整体DOK水平。例如：

"知道某个测量系统中单位的相对大小，包括：千米—米—厘米、千克—克、升—毫升、小时—分—秒。在某个单独的测量系统中，用一个较小的单位来表示一个较大的单位。在两列表格中,记录测量的值。"

表6.8展示了如何使用DOK表来解构这条数学标准,并确定其中三个目标所要求的知识深度,同时确定相应的DOK水平。这三个目标都是DOK 1,因为它们都只要求学生回忆事实性知识(DOK技能)、回忆如何做(DOK技能)以及完成任务(DOK技能)并正确地回答(DOK回应)。DOK 1就是这条数学标准的整体DOK水平。将这些目标作为步骤进行叠加或排序,并不会提高整体DOK水平。要确定标准、活动和评估的整体DOK水平,关键要看最高的认知要求,而不是目标的数量。

表6.8 为包含多重目标的数学学习目标确定DOK水平

思维类型		知识深度				
认知行为	教学重点	教学目标	DOK任务	DOK技能	DOK回应	DOK水平
知道	测量单位	某个测量系统中单位的相对大小,包括: • 千米—米—厘米 • 千克—克 • 升—毫升 • 小时—分—秒	仅包括事实	回忆信息	正确回应	DOK 1(低)
表示	测量	某个单独的测量系统中,用一个较小的单位来表示一个较大的单位	仅完成任务	回忆如何做	正确回应	DOK 1(低)
记录	测值	在两列表格中	仅完成任务	回忆如何做	正确回应	DOK 1(低)
学业表现要求		情境	认知要求			

如果知识深度水平难以确定如何处理

有时候DOK水平难以确定,因为教学目标的情境过于宽泛或模糊。例如:
"解释毕达哥拉斯定理及其逆定理的证明过程。"

这条数学标准中的学习目标,似乎只要求学生回忆(DOK技能)事实性知识(DOK任务)来正确应答(DOK回应),这意味着它是DOK 1。然而,也可以认为,这个目标让学生挑战展示、分享或总结（DOK任务）如何能够应用知识、概念和技能（DOK技能），从而用示例构建和解释（DOK任务）毕达哥拉斯定理及其逆定理的证明过程，这意味着它是DOK 2。甚至，数学证明要求学生通过策略性思考（DOK技能），用证据审查和解释（DOK回应）来证明数学证明（DOK任务），这意味着它是DOK 3。那么，这条数学标准的DOK水平究竟是什么呢？

赫斯认为，如果学习目标的DOK水平存疑，在能够接受且适当的情况下，倾向于确定为一个更高的DOK水平（Hess, 2018）。事实上，教师应该在更高层次的DOK水平上教授标准、活动和评估。教师可以调整或修改教学和课程材料，从而让学生展示更高的DOK水平。但是教师也应该为学生提供机会，让其能够在任一DOK水平展示学习。这确保了DOK教学能够公平地且以发展性方式对待和评估学生的表现和进步。同时还能为教师提供相关的数据和信息，以确定是否需要调整或修改教学，从而更好地支持学生学习。

如何把DOK描述指标用作一种检查和调整的系统

DOK描述指标可以被当作一种检查和调整的系统，用来概括标准、活动和评估的DOK水平。例如，如果属于DOK 2的活动、评估要求学生用示例构建和解释（DOK回应），那么可以得出结论，该任务将让学生挑战对如何应用知识、概念、技能或使用信息和基本推理（DOK技能）进行展示和分享、演示和沟通、具体说明和解释，或给出正例和反例（DOK任务）。

DOK描述指标也可以用来检查和调整标准、活动和评估三者之间的一致性程度。例如，如果属于DOK 2的标准要求学生探究和调查（DOK任务），那么活动或评估必须让学生使用复杂推理（DOK技能）来审查和解释（DOK回应），这样三者才是完全一致的。如果活动或评估要求学生仅回忆事实性知识（DOK技能），或演示仅完成任务（DOK任务）来获得正确应答，那么这两者与标准的要求不一致。

表6.9是检查和调整标准、活动和评估三者的DOK水平的矩阵。我增加了名为"DOK本身"（DOKIT）的一列，用最简单的术语描述每个DOK水平的目标和期望，使教师和学生能够理解（例如：用于回答，用于解释，用于证明，或者用于实施）。这些描述指标也使得DOK教学的目标更加简洁、精准且有针对性。

表6.9 DOK检查与调整矩阵

DOK任务	DOK技能	DOK回应	DOK本身	DOK水平
• 仅包括事实 • 仅完成任务	• 回忆信息 • 回忆如何做	正确回应	用于回答	DOK 1（低）
• 展示、分享或总结 • 演示和沟通 • 具体化并解释 • 举出正例和反例	• 应用知识、概念和技能 • 使用信息和基本推理	用示例构建和解释	用于解释	DOK 2（中）
• 深入钻研 • 探究并调查 • 批判性地思考或解决问题 • 创造性思考 • 用证据辩护、证明或进行反驳 • 联系、确认、总结、思考或批判	• 策略性思考 • 使用证据支持的复杂推理	用证据检查和解释	用于证明	DOK 3（高）
• 深入某个学科领域 • 超越文本和话题 • 跨越课程 • 走出课堂，运用于真实世界	• 使用专业知识支持的拓展推理 • 拓展性思考	用示例和证据探索解释	用于实施	DOK 4（拓展）

要使用矩阵来指定所需的DOK水平的话，首先要选择最能阐明标准、活动、任务要求的DOK描述指标，并使用与你看待标准、活动、评估的方式最相匹配的描述指标。例如，如果你是一个以任务为导向的人，那么就可以使用DOK任务的描述指标来确定所需的知识深度。如果你在意学生必须展示的心理加工过程，那么使用DOK技能的描述指标。如果你在意学生必须给出回应，那么使用DOK回应的描述指标。为了帮助学生理解每个DOK水平的目标，可以使用DOK本身的描述指标，确认每行的DOK要求，并最终确定DOK水平。

DOK检查与调整矩阵还可以作为编制和比较标准、活动和评估项目所需求的知识深度水平的量表。DOK标准的一致性取决于以下几点。

• 如果标准、活动和评估的DOK描述指标在同一行中匹配，则完全一致。

• 如果活动、评估的DOK描述指标比标准的DOK描述指标高一级，则是可接受的一致。

• 如果活动、评估的DOK描述指标比标准的DOK描述指标高两级或更多级，则没有充分一致。

• 如果活动、评估的DOK描述指标比标准的DOK描述指标高一级或多级，则要求学生超越标准中的学习目标。

DOK检查与调整矩阵，不应该被用作评估教师的工具。教师不应根据教学或评估所要求的知识深度水平来评估，也不应被要求只在更高水平的DOK上设计教学和测试。这样的要求显然是不公平、不合理的。但是负责教学的领导和教学指导者，可以把DOK检查与调整矩阵作为一种资源，来帮助教师实施和拓展课程、教学和评估所要求的知识深度水平。例如，如果课程活动要求学生正确应答，负责教学的领导和教学指导者可以使用DOK检查与调整矩阵向教师展示如何深化DOK水平，如让学生挑战用示例构建和解释（DOK回应）如何应用知识、概念和技能，或使用信息和基本推理（DOK技能）来获得回应或结果。这样一来，教学过程的认知要求就从DOK 1深化到了DOK 2。

在指导教师开发和实施DOK教学时，请教师分享自己如何看待标准、活动和评估的需求。教师是否考虑了学生必须完成的任务、必须展示的心理加工过程、必须给出的回应？使用相应的DOK描述指标，来帮助教师确定标准、活动和评估所要求的DOK水平。同时，向教师展示如何使用DOK描述指标来开发、实施和深化DOK教学。

总　结

DOK描述指标，是确定学习目标的DOK水平的决定性因素或驱动性因素。事实上，怎样使用DOK描述指标，取决于你如何看待标准、活动和评估。

• 你是否考虑这项任务要求学生在特定的情境下理解和运用内容知识的深度和广度？请使用DOK任务的描述指标。

• 你是否考虑学生必须展示的心理加工过程的复杂性和学生必须发展的知识类型？

请使用DOK技能的描述指标。

• 你是否考虑学生必须实施或回应活动、项目或任务的深度和广度？请使用DOK回应的描述指标。

任何DOK描述指标都可以帮助你确定标准、活动和评估所要求的DOK水平。使用DOK描述指标，也将帮助你设计和实施DOK教学过程，把学生成功表现的目标表达清楚。

应用知识深度

请你作为个体或是教师团队的一员，完成以下任务。

使用在第五章选择的标准、活动和评估的学习目标，或者选择别的学习目标，运用本章结尾"确定学习目标的知识深度水平"表格工具，进行以下操作：

• 解构学习目标，确认学业表现要求，阐明情境。

• 确定教学重点和目标究竟是什么，要求学生理解什么，以及教学重点和目标对学生运用内容知识的要求深度。

• 选择最适合描述以下三者的DOK描述指标：学生必须完成的DOK任务、必须展示的DOK技能、必须给出的DOK回应。

• 明确学习目标的DOK水平。

• 使用本章结尾"确定学习目标的知识深度水平"工具表格，来检查标准的DOK水平与相应的反映其学习目标的活动或评估的DOK水平之间的关系是否一致。

附：确定学习目标的知识深度水平

学习目标						
思维类型	知识深度					
认知行为	教学重点	教学目标	DOK任务	DOK技能	DOK回应	DOK水平
学业表现要求		情境	认知要求			

第七章
如何建构 DOK 学习目标和成功标准

在第六章，我们学习了如何根据需求的 DOK 任务、学生必须展现的 DOK 技能以及必须给出的 DOK 反馈，来确定学习目标的 DOK 水平。我们还学习了使用最简洁的 DOK 描述指标，来表达标准、活动和评估的认知要求。然而，我们如何把某条标准中的学习目标重构成一个 DOK 学习目标，从而具体化学生必须表现的 DOK 技能？我们如何把某条标准中的学习目标切分成易于理解和评估的 DOK 学习目标和成功标准？我们如何将 DOK 的学习目标和成功标准组合成一个综合的计划，可以用来实施教学、干预响应、拓展学习，并做出调整？

为了回答这些问题，本章将详细介绍如何制订 DOK 教学计划。你将学习如何建构 DOK 学习目标，如何选取并制订 DOK 学习掌握目标、DOK 基本目标、DOK 拓展目标。你还将学习如何设定 DOK 成功标准，将反映 DOK 学习目标的活动和评估所需要的 DOK 回应具体化。本章的最后，给出了两个可重复使用的表格工具，能帮助你制订自己的 DOK 教学计划。

如何制订教学计划

设计 DOK 教学计划包括以下几个方面：
- 基于标准中的学习目标，构建 DOK 学习目标。
- 选择和制订 DOK 学习掌握目标，它是学生必须达到或超过的掌握水平。
- 制订 DOK 基本目标，侧重于学生必须获得和发展的基础知识和基本的理解。
- 制订 DOK 拓展目标，要求学生证明自己的学习超越了标准对应的掌握目标。
- 为反映 DOK 学习目标的课程活动和评估，制订 DOK 成功标准。

表7.1是DOK教学计划的模板。它把一条标准中的学习目标重构为一个学习目标陈述，其中包括学生必须展现的DOK技能。它也明确了学生在反映DOK学习目标的课程活动和评估中必须给出的DOK反馈，并把DOK的学习目标和成功标准组合成一个综合的计划，可以用来实施教学、干预响应、拓展学习，并做出调整。

表7.1　DOK教学计划

重构DOK学习目标						
谁能够/将要	DOK技能	认知行为	教学重点	教学目标	DOK水平	DOK反馈
我能够	具体的心理加工	动词原形	名词或名词短语	范围和限定	DOK 1 DOK 2 DOK 3 DOK 4	反馈程度
教学实施						
DOK基础目标		DOK掌握目标		DOK拓展目标		
我能够……		我能够……		我能够……		
• 制订DOK学习目标，侧重于学生必须知道的词汇知识（DOK水平） • 制订DOK学习目标，侧重于学生必须掌握的陈述性知识（DOK水平） • 制订DOK学习目标，侧重于学生必须发展的程序性知识（DOK水平）		• 根据标准中的学习目标，制订DOK学习目标（DOK水平） • 对每个DOK学习目标的水平进行单独分类（DOK水平）		• 制订DOK学习目标，要求学生证明自己的学习超越了标准对应的学习掌握目标（DOK水平）		
DOK成功标准						
学生必须…… • 决定活动或评估要求学生给出的DOK回应的范围，并将它们组合成DOK成功标准						

构建DOK学习目标

在解构标准，并且确定了它的DOK水平之后，把标准中的学习目标重构成一个DOK学习目标，这个学习目标包含学生必须展现的DOK技能。表7.2展示了如何使用DOK教学计划中的DOK学习目标，来重构"化简数值表达式"这个学习目标。该表按照学习目标的句子结构排序。第一栏确定了谁能够或者将要展示的学习内容。康妮·莫斯和苏珊·布鲁克哈特建议,在学习目标的开头使用第一人称,比如"我或我们",来"向学生传达他们才是将要进行学习的人"(Connie Moss & Susan Brookhart, 2012)。第二栏列出了学生必须展现的DOK技能。第三栏至第五栏重构了学习目标陈述。最后两栏确定DOK水平和学生必须在活动和评估中给出DOK反馈。

表7.2 重建DOK学习目标包含学生必须完成的DOK技能

谁能够/将要	DOK技能	认知行为	教学重点	教学目标	DOK水平	DOK反馈
我能够	应用知识、概念和技能	化简	数值表达式	不包含指数,包含最多两个级别的分组	DOK 2(中)	用示例构建和解释

DOK学习目标把标准中的学习目标分解成简洁的陈述,包括DOK技能的学习目标,这样更容易理解。表7.3展示了如何将英语语言艺术标准中的学习目标,切分成独立的DOK学习目标。请注意,DOK技能是如何具体化了学生为了达到或超过这些目标,所必须进行的心理加工。

表7.3 DOK学习目标对标准中的目标进行细分

谁能够/将要	DOK技能	认知行为	教学重点	教学目标	DOK水平	DOK反馈
我能够	应用知识、概念和技能	确定	词语和短语的意义	它们在文本中使用,包括以下内容: • 比喻意义 • 内涵意义 • 技术含义	DOK 2(中)	用示例构建和解释
我能够	使用证据支持的复杂推理	分析	用词选择	对以下方面的具体影响: • 意义 • 语气	DOK 3(高)	用证据检查和解释

标准中的每个目标,都可以为个别活动和评估,确定教学重点和子目标。参考表7.4,根据美国内战和奴隶制的历史标准重构的DOK学习目标,活动和评估可以要求学生达到一两个目标。

表7.4　DOK学习目标确定教学重点和难度

谁能够/将要	DOK技能	认知行为	教学重点	教学目标	DOK水平	DOK反馈
我能够	使用信息和基本推理	解释	美国内战	原因	DOK 2（中）	用示例构建和解释
我能够	使用证据支持的复杂推理	评价	奴隶制	它作为冲突主要原因的重要性	DOK 3（高）	用证据检查和解释

DOK学习目标也规定了学生在一个多步骤的程序中，每一步必须完成的心理加工。表7.5展示了如何从世界语言标准到DOK学习目标，重构的具体步骤。请注意，每个步骤是如何具体化了当学生识别并解释语言系统基本词序的异同时，必须应用的知识、概念和技能。

表7.5　多步骤的程序的DOK学习目标

谁能够/将要	DOK技能	认知行为	教学重点	教学目标	DOK水平	DOK反馈
我能够	应用知识、概念和技能	辨别	基本词序	各种语言系统里的异同	DOK 2（中）	用示例构建和解释
我能够	使用证据支持的复杂推理	解释	基本词序	各种语言系统里的异同	DOK 2（中）	用示例构建和解释

选择与制订DOK学习掌握目标

根据标准中的学习目标重构DOK学习目标，确立了学生必须达到或超过的DOK学习掌握目标，证明其达到了所要求的掌握水平。根据卡拉·摩尔等人所指出的，学习掌握目标"直接来源于州或国家的标准，并确定学生在一个年级或课程结束时，应该知道和能够做什么"（Carla Moore, Libby Garst & Robert Marzano，2015）。学习目标与标准中的学习目标处于同一DOK水平。

要构建DOK学习掌握目标，只需将标准中的学习目标改写成"我能够"或"我们将要"的陈述，其中包括学生必须展现的DOK技能。你还可以重新打印每个词语，因为它们会被重新放置在DOK学习掌握目标表中。表7.6展示了根据英语标准关于文本结构对作者写作意图的影响构建的DOK学习掌握目标。记住：一定要写上对应的DOK水平。

表7.6 构建DOK学习掌握目标

DOK学习掌握目标
我能够使用证据支持的复杂推理来解释文本结构的使用如何帮助作者达到写作目的。(DOK 3)

如果标准中的学习目标是复合的，有多个子目标，那么就需要对目标进行拆解和分类，并确保一定要包括学生必须展现的DOK技能和对应的DOK水平。表7.7展示了根据历史标准重构的关于美国内战和奴隶制内容的学习掌握目标。可以针对每个DOK学习掌握目标设定教学重点和具体目标，也就有了匹配标准的独立的活动或评估。学生必须达到或超过目标，才能证明掌握程度。

表7.7 将DOK的学习掌握目标拆解并分类

DOK学习掌握目标
我能够： • 使用信息和基本的推理来解释美国内战的原因。(DOK 2) • 使用证据支持的复杂推理来评估奴隶制作为冲突主要原因的重要性。(DOK 3)

如果DOK学习掌握目标要求学生表现一个多步骤的程序，那么每个步骤都应该按照发生的顺序编号。表7.8展示了根据世界语言标准中关于基本语序的内容重构的DOK学习目标，如何拆分成学生必须完成的步骤。

表7.8 多步骤的DOK学习掌握目标

DOK学习掌握目标
我能够： • 应用知识、概念和技能来辨别语言系统基本词序的异同。(DOK 2) • 应用知识、概念和技能来解释语言系统基本词序的异同。(DOK 2)

DOK学习掌握目标应该尽可能具体和精确。一种方法是将教学目标聚焦为两个明确的DOK学习掌握目标。参考表7.9中的DOK学习掌握目标。请注意，它是如何聚焦教学

目标，从而明确规定学生必须应用知识、概念和技能来化简数值表达式的具体内容和深度。每个DOK学习掌握目标都可以通过独立的活动或评估项目来实现。

表7.9 聚焦DOK学习目标

DOK学习掌握目标
我能够： • 应用知识、概念和技能化简不包含指数的数值表达式。（DOK 2） • 应用知识、概念和技能来化简数值表达式，其中包括最多两个级别的分组。（DOK 3）

另一种使DOK学习掌握目标更具体、更准确的方法是，以一个标准中的学习目标的具体规定作为教学重点。例如，英语标准中的学习目标规定了学生必须运用知识、概念和技能来确定三种不同类型的含义。这些类型的含义可以为个别的DOK学习掌握目标设定教学重点。表7.10展示了如何制订DOK学习掌握目标，该目标侧重于学生必须确定的特定类型的含义，也展示了如何把关于分析词语选择的教学目标，拆解成两个独立的DOK学习目标。每个DOK学习掌握目标都可以设定教学重点和具体目标，也就有了独立的活动或评估。

表7.10 通过教学重点规定聚焦DOK学习目标

DOK学习掌握目标
我能够： • 运用知识、概念和技能来确定词语和短语在文本中的意义。（DOK 2） • 运用知识、概念和技能来确定词语和短语在文本中的比喻意义。（DOK 2） • 运用知识、概念和技能来确定词语和短语在文本中的内涵意义。（DOK 2） • 运用知识、概念和技能来确定词语和短语在文本中的技术含义。（DOK 2） • 使用证据支持的复杂推理来分析一个特定的词语选择对意义的影响。（DOK 2） • 使用证据支持的复杂推理来分析一个特定的词语选择对语气的影响。（DOK 2）

DOK的学习掌握目标应该明确学习期望，且也应该易于理解。将学习意图及其DOK学习目标拆分并重组，可以使学习期望易于理解和表述。

制订DOK基本目标

一旦建立DOK学习掌握目标,标准中的学习目标就需要拆分并重组,从而制订DOK基本目标,要点如下:

- 学生必须掌握的词汇知识(如词汇和术语)。
- 学生必须掌握的陈述性知识(如事实和概念)。
- 学生必须掌握的程序性知识(如程序和策略)。

基本学习目标反映并评估"学生为实现最终学习目标所需要掌握的前提条件"。基本学习目标的设定是为了使学生获得和发展所需要的基础知识和功能理解,从而成功地实现掌握目标。

制订DOK的基本目标,需要拆解标准,找到学生必须理解的关键概念对应的名词、学生必须展现的具体技能对应的动词。DOK学习目标描述学生必须完成的DOK技能,并对概念或技能进行简单的定义、解释。表7.11展示了如何制订关于设计和使用细胞模型的DOK基本目标。其侧重于在学生必须知道的特定学科术语、必须理解的学科核心概念,以及必须学会执行的科学和工程实践。

表7.11 制订DOK基本目标

DOK学习基本目标
我能够: • 回忆信息,描述细胞是所有生物体中最小的结构、功能和生物单位。(DOK 1) • 回忆信息,解释整个细胞的功能。(DOK 1) • 回忆信息,描述细胞各组成部分。(DOK 1) • 应用知识、概念和技能来描述细胞的组成部分如何支持细胞形成完整功能。(DOK 2) • 应用知识、概念和技能来设计一个科学模型,以描述细胞内无法观测的机制。(DOK 2) • 应用知识、概念和技能来使用科学模型,以描述细胞中的一种现象。(DOK 2)

DOK的基本目标可以解决"标准中并不总是明确规定的前序知识和学习过程"。例如,表7.12展示的DOK基本目标侧重于词汇、陈述性和程序性知识。虽然这些知识并没有体现在数学标准中的学习目标或掌握目标里,但是学生必须理解这些术语、细节和程序,并在化简数值表达式时正确使用。

表7.12 DOK基本目标体现标准中没有规定的前序知识或过程

DOK学习基本目标
我能够： • 回忆信息，将数值表达式描述为数字和数学运算符号的组合（如＋、－、×、÷）。(DOK 1) • 回忆信息，描述指数的含义是一个数字与其本身相乘多少次。(DOK 1) • 回忆信息，解释化简是一个数学过程，需要将一个方程以最简单的形式表达出来，以便于使用并求解。(DOK 1) • 回忆信息，解释分组涉及将项目或事物分成相等的组。(DOK 1) • 回忆信息，描述质数是只能被1和其本身整除的数。(DOK 1) • 回忆信息，描述合数是除了能被1和其本身整除以外，还能被其他数整除的数。(DOK 1) • 回忆信息，描述数值表达式中圆括号和方括号的含义。(DOK 1) • 应用知识、概念和技能来识别质数和合数。(DOK 2)

DOK基本目标所要求的DOK水平取决于教学重点。DOK的基本目标，侧重于概念性或陈述性知识，通常是DOK 1，因为这个水平只要求学生回忆信息来描述或解释。以程序性知识作为重点的DOK基本目标，决定学生必须理解和使用程序或策略达到DOK学习掌握目标的深度和广度。然而，DOK基本目标所要求的DOK水平，不会超过由标准中学习目标重构的DOK学习目标要求的水平。它们可以大致相当，但不会更难。

制订DOK拓展目标

DOK拓展目标要求学生证明自己的学习超越了标准中的学习目标。DOK拓展学习目标是为了促进和鼓励学生"以更复杂的方式思考同样的内容"。例如，表7.13中的DOK拓展目标，延伸了英语标准，鼓励学生使用有专业知识支持的拓展推理，来分析两个或两个以上不同主题、不同作者的文本中特定词语选择的影响。这样就把学生必须展示的水平推向了DOK 4。

表7.13 DOK拓展目标

DOK学习拓展目标
我能够拓展性思考，分析某个具体的词语选择对两个或两个以上的文本的意义和语气的影响，这些文本涉及同一个主题，但是流派和作者都是不同的。(DOK 4)

DOK拓展目标可能是认知上复杂的目标，要求学生表现出"一定程度的处理或认知复杂性，使学生更深入地钻研标准的内容"（Moore et al.，2015）。提高认知要求的途径之一，是改变情境或深化DOK学习目标。参考表7.14中的DOK学习目标，它们都有相同的表现性预期，然而，DOK拓展目标增加了学生必须化简数值表达式的深度和广度。这提高了学生必须表现的DOK技能水平，也提高了学生必须表现出超出标准中学习目标或掌握目标的DOK水平。

表7.14　DOK拓展目标提高了认知要求

DOK学习掌握目标	DOK拓展目标
我能够： • 运用知识、概念和技能，化简不包含指数的数值表达式。（DOK 2） • 运用知识、概念和技能，化简包含最多两个分组的数值表达式。（DOK 2）	我能够： • 策略性思考如何在非常规问题中化简包含指数的数值表达式。（DOK 3） • 策略性思考如何在非常规问题中化简包含多个分组的数值表达式。（DOK 3） • 策略性思考如何在非常规问题中化简包含多个变量的数值表达式。（DOK 3） • 策略性思考如何在非常规问题中化简包含多个数学运算的数值表达式。（DOK 3）

DOK拓展目标不必要求学生证明自己的学习DOK水平比标准中的学习目标或掌握目标更高。事实上，掌握目标和拓展目标的DOK水平可以是相当的。例如，表7.15中关于世界语言标准的DOK学习掌握目标和拓展目标都是DOK 2，因为它们都要求学生运用知识、概念和技能，只是在教学重点上有所不同。

表7.15　DOK拓展目标和DOK学习掌握目标可以是相同水平

DOK学习掌握目标	DOK拓展目标
我能够： • 运用知识、概念和技能，辨别语言系统基本词序的异同。（DOK 2） • 运用知识、概念和技能，解释语言系统基本词序的异同。（DOK 2）	我能够： • 运用知识、概念和技能，辨别正式和非正式语言系统基本词序的异同。（DOK 2） • 运用知识、概念和技能，解释正式和非正式语言系统基本词序的异同。（DOK 2）

DOK拓展目标还可以延伸至跨课程的教学。例如，在表7.16中，DOK拓展目标深化了历史标准中关于美国内战和奴隶制的要求。这里的DOK拓展目标是根据历史标准重建的，它鼓励学生广泛性地思考如何进行短期研究项目。之所以这些是DOK拓展目

标，不仅因为它们的DOK水平，而且因为它们要求学生联系、迁移，并应用正在学习的多个学科领域。如果描述语句太长，请务必将标准拆分成简洁明了的DOK拓展目标。

表7.16 将DOK拓展目标延伸至跨课程的教学

DOK学习掌握目标	DOK拓展目标
我能够： • 使用信息和基本推理解释美国内战的原因。（DOK 2） • 使用证据支持的复杂推理来评价奴隶制作为冲突主要原因的重要性。（DOK 3）	我能够： • 广泛性地思考如何进行简短的研究项目来回答一个问题（包括自己提出的一个问题），并利用若干资料来源提出其他相关的、重点突出的问题，从而允许多种探索途径。（DOK 4）

创建DOK拓展目标的最简单方法是，鼓励学生进行广泛性思考，或使用专业知识支持的拓展推理来处理、解释或回应现实世界的场景。事实上，拓展某个标准中的学习目标可以很简单，就像在教学目标中增加一个细节规定一样。表7.17展示了如何增加细节规定，将关于细胞的标准拓展为DOK 4。让学生选择真实世界的场景或情境来处理、解释或回应，将增加DOK教学的广度。

表7.17 增加了细节规定的DOK拓展目标

DOK学习掌握目标	DOK拓展目标
我可以策略性地思考如何设计和使用一个科学模型来描述以下内容： • 单个细胞的功能。（DOK 3） • 细胞的组成部分如何支持细胞完整功能的实现。（DOK 3）	我可以广泛性地思考如何设计和使用模型来处理、解释或回应涉及以下内容的现实世界场景或情况： • 多个细胞的功能。（DOK 4） • 细胞的组成部分如何支持细胞完整功能的实现。（DOK 3）

在具体学科标准的情境中，增加某些条件或标准将把DOK学习目标拓展到DOK 4。表7.18列出了这些条件和标准，这些条件和标准将把DOK学习目标在某些内容领域拓展到DOK水平4。同时，这些条件和标准也可以用来为学业标准、活动和针对特定类型知识的评估设定DOK水平4的拓展目标。例如，从让学生侧重于事实性的知识目标到鼓励学生使用专业知识支持的拓展推理，来探索和解释两个或两个以上的文本。DOK的拓展目标，侧重于过程性知识，鼓励学生理解和运用自己在现实世界中所学到的东西。

表7.18　DOK水平4拓展目标的条件和标准

学科领域	DOK水平4拓展目标的情境
数学	"……处理、解释或者回应一个真实的场景或者情境……"
文学及语言艺术	"……两个或两个以上的文本,有相同的主题……" "……两个或两个以上的文本,有相同或者不同的作者……" "……两个或两个以上的文本,有相同的、不同的或混合的流派……"
科学	"……处理、解释或者回应一个真实的场景或者情境……"
历史	"……两个或两个以上的文本,有相同的主题……" "……两个或两个以上的文本,有相同或者不同的作者……" "……两个或两个以上的文本,有相同或者不同的创作时间……" "……两个或两个以上的事件、人物或问题……" "……对过去、现在以及未来的影响……" "……对社会的过去、现在以及未来的影响……"
公民	"……处理、解释或者回应一个真实的场景或者情境……" "……两个或两个以上的文本,有相同的主题……" "……两个或两个以上的文本,有相同或者不同的作者……" "……两个或两个以上的文本,有相同或者不同的创作时间……" "……两个或更多的想法或问题……" "……对社会不同领域和方面的影响……" "……对社会不同领域和方面的作用……"
地理	"……处理、解释或者回应一个真实的场景或者情境……"
经济	"……处理、解释或者回应一个真实的场景或者情境……"
视觉艺术	"……两个或两个以上的作品,有相同的主题……" "……两个或两个以上的作品,有相同或者不同的作者……" "……两个或两个以上的作品,有相同的、不同的或混合的流派……"
世界语言	"……在现实世界的场景或情境中……"
健康与体育	"……在现实世界的场景或情境中……"
职业及技术教育	"……处理、解释或者回应一个真实的场景或者情境……"

确定DOK成功标准

DOK学习目标也应该改写为DOK成功标准,描述"什么是高质量的工作"。表7.19展示的DOK成功标准,针对的是世界语言标准中的学习目标。

表7.19 DOK成功标准

DOK学习掌握目标	DOK成功标准
我能够： • 应用知识、概念和技能来识别语言系统基本词序的异同。（DOK 2） • 运用知识、概念和技能来解释语言系统基本词序的异同。（DOK 2）	学生必须： • 用示例构建和解释语言系统的基本词序之间的异同。（DOK 2）

DOK成功标准描述了针对特定标准的活动和评估可能要求学生反馈的范围。参考表7.20中的DOK成功标准，关于数学标准里的化简数值表达式。请注意学生必须给出的DOK反馈，从正确回答（DOK 1）到探索并用示例和证据解释（DOK 4）。这也反映了所有DOK学习目标都是根据标准的目标来制订的。

表7.20 所有DOK水平的DOK成功标准

DOK成功标准
学生必须： • 正确回答什么是数值表达式。（DOK 1） • 正确回答指数的用途。（DOK 1） • 正确回答化简包括什么。（DOK 1） • 正确回答分组包括什么。（DOK 1） • 用示例构建和解释如何化简不包含指数的数值表达式。（DOK 2）√* • 用示例构建和解释如何化简包含两个分组的数值表达式。（DOK 2）√* • 用证据检查和解释如何化简包含指数的数值表达式。（DOK 3）+ • 用证据检查和解释如何化简包含若干运算的数值表达式。（DOK 3）+ • 用证据检查和解释如何化简包含不同数学运算的数值表达式。（DOK 3）+ • 用证据检查和解释如何化简包含多个分组的数值表达式。（DOK 3）+ • 用证据检查和解释如何化简包含多个变量的数值表达式。（DOK 3）+ • 用证据检查和解释如何化简反映或代表现实世界的场景或情境的数值表达式。（DOK 3）+ • 用示例、证据探索和解释如何化简反映或代表现实世界的场景或情境的数值表达式。（DOK 4）+

请注意，有些DOK成功标准里有一些标记符号，它们表示评估的上限，并呈现和标准对齐的程度。例如，带有标记符号（√）的DOK成功标准，是来自标准中的学习目标，它们所对应的活动和评估项目完全符合标准。带有标记符号（*）的是DOK的上限——也就是测试项目要求学生给出回应的最高限度。带有标记符号（+）对应的是DOK拓展

目标，要求学生展示自己的学习已经超出标准中的学习目标。用不同的符号标记DOK成功标准有助于规划通往熟练和表现进步的路径。

DOK成功标准也可以作为评分量规，向学生展示教师将如何评估学生的工作以及对学生的期望是什么。教师可以使用DOK成功标准来检验学生的产出是否完整、是否可接受。学生可以使用DOK成功标准来检验自己的产出是否满足要求。

DOK成功标准用问题形式替代了原来学习目标措辞，来提示学生理解和交流正在学习的内容（我们将在第八章学习如何提出DOK好问题）。参考表7.21中的DOK成功标准，并注意DOK成功标准对应的DOK好问题是如何措辞的（"什么影响？"）。

表7.21　将DOK成功标准转化为DOK好问题

DOK学习目标	DOK成功标准	DOK好问题
我能够： • 使用证据支持的复杂推理来分析特定词语的选择对意义的影响。（DOK 3） • 使用证据支持的复杂推理来分析特定的词语选择对语气的影响。（DOK 3）	学生必须做以下事情： • 用证据检查和解释特定词语选择对意义的影响。（DOK 3） • 用证据检查和解释特定词语选择对语气的影响。（DOK 3）	• 特定的词语选择对词语的意义和整个文本有什么影响？（DOK 3） • 特定的词语选择对词语的语气和整个文本有什么影响？（DOK 3）

总　结

标准、活动和评估所包含的学习目标很难理解。把学习目标重构，有了学生必须展现的DOK技能和DOK回应，学习目标会更明确，也更易于评估。在重构DOK学习目标和成功标准时，要牢记以下几点：

• DOK学习目标，以"我能够……"或"我们将……"开头，这样学生就可以个性化理解每个目标。DOK成功标准，以"学生必须……"开头，以为所有学生建立表现的原则。

• DOK学习掌握目标，确立了学生需要展示的掌握程度。标准中的学习目标包含的每个子目标，都对应一个DOK学习掌握目标，学生必须达到或者超过这个学习掌握目标，才能算作学生在特定学科、特定的年级水平上成功实现目标。

• DOK基本目标，是学生成功达到或者超过DOK学习掌握目标所需的背景知识和基本理解。这包括学生必须理解的词汇、必须掌握的陈述性知识、必须发展的程序性知识。

• DOK拓展目标，要求学生证明自己的学习超过了标准的目标和期望。虽然拓展目标的DOK水平不需要更高，但是教学重点或目标细节应该与DOK学习掌握目标不同。

• DOK成功标准，确立了表现性原则。通过成功标准可以知道学业标准、活动和评估对所有学生的期望，以及如何评估学生的学习。

本章的DOK学习目标和成功标准是根据年级学业标准重构的。然而，任何学习目标——无论是学生个人计划的目标、语言学习或课程目标——都可以重构为DOK学习目标或成功标准。确定DOK技能、DOK回应，并将学习目标重新表述为一个DOK学习目标或成功标准。仔细观察这样的做法，如何使学生个人学习计划或课程目标，在表述变得更准确的同时，本身也更容易被理解、更容易被评估。

应用知识深度

请你作为个人或者教师团队的一员，完成以下任务。

使用你在第五章和第六章中解构的学习目标，或者选择别的学习目标，根据DOK学习目标和成功标准，制订DOK教学计划，具体说明学生必须展现的DOK技能和DOK回应。使用"DOK学习目标表"进行以下操作：

• 确定学习的主体是谁。使用句式"我能……"或"我们将……"介绍DOK学习目标。使用句式"学生必须……"介绍DOK成功标准。

• 列出DOK技能，把学生必须完成的心理加工过程具体化。这就是你的DOK学习目标的特色。

• 通过把标准的各个部分放在表格对应的列，来重构标准中的学习目标。这样你就有了DOK学习目标说明。

• 标记DOK水平。在DOK教学计划中的DOK学习目标之后用括号加以说明。

• 确定学生必须展现的DOK回应。它应该与学生必须展现的DOK技能保持一致。

• 在认知要求最高的DOK回应旁边标记一个星号，这是DOK成功标准的上限。

- 拆解标准，识别下列名词和动词：

a.学生必须掌握的词汇和术语。这是学生必须掌握的概念性知识。

b.学生必须理解的细节、事实和信息。这是学生必须掌握的陈述性知识。

c.学生必须使用的程序和策略。这是学生必须发展的程序性知识。

- 制订DOK学习目标，简要描述或解释这些词汇、术语、事实、概念、程序和策略。这样一来，就确定了DOK基本目标的教学重点。

- 通过改变学生将要学习的知识内容或必须展示其学习的情境，将教学重点和目的，拓展到标准之外以确定DOK拓展目标。

- 将前六列中的词语组合成一个DOK学习目标，并与学生分享。如有必要，将教学重点或多个目标分开。

使用"DOK教学计划模版"表格工具，进行以下操作：

- 把重构的学习目标写成一个DOK学习目标陈述，以"我能……"或"我们将……"开头。而DOK学习掌握目标，确定了学生需要展示的掌握程度。

- 将所有目标分组，并重构为DOK学习掌握目标，写在表格的"DOK学习掌握目标"一栏。学生需要达到或超过所有这些学习掌握目标，以证明成功实现了该年级所要求的掌握程度。

- DOK基本目标围绕从标准中拆解出来的名词和动词。给出术语、事实、概念或程序的简要描述或解释，这将是学生必须理解、获得和发展的前序知识。

- 确立DOK拓展目标，表明学生的学习已经超出标准中的学习目标。可能包括以下内容：

a.认知上复杂的目标，表明学生的学习所处的DOK水平，相当于标准的DOK水平，甚至程度更深。

b.学习目标不同于标准中的学习目标，或者在同一内容领域内，涉及了不同的主题。

c.根据其他年级或内容领域的标准，重构DOK学习目标。

d.DOK 4的学习目标，鼓励学生利用专业知识支持的拓展推理，分析两个或两个以上的文本或主题，或拓展思考，以处理、解释或应对现实世界的场景。

- 确定学生必须给出的DOK回应，调整DOK学习目标的措辞，改写为DOK成功标准陈述，以"学生必须……"开头。列出活动和评估可能要求学生反馈的DOK水平范围。

- 使用以下方法确定具体的DOK成功标准。

a.在学业标准的学习掌握目标的成功标准旁边，标记"√"，表示这是与学业标准一致的。

b.在学业标准的学习掌握目标的成功标准里认知要求最高的地方，标记"*"，表示这是评估的上限。

c.在要求学生展现超过学业标准的成功标准旁边，标记"＋"，表示这不会出现在标准化的终结性评估或临时性评估里面。

附：DOK学习目标表

谁能够/将要	DOK技能	认知行为	教学重点	教学目标	DOK水平	DOK反馈

附：DOK教学计划表

DOK基础目标	DOK学习掌握目标	DOK拓展目标
我能够：	我能够：	我能够：
DOK成功标准		
学生必须：		

第八章
如何基于 DOK 模型提出和使用好问题

在第七章，我们学习了如何重构 DOK 学习目标和 DOK 成功标准。然而，一个好问题所对应的知识深度的水平是什么？如何利用好的问题来设计和实施 DOK 教学，促进探究？作为教师和学生，如何才能提出好问题，引起更深层次的反思和回应呢？

为了回答这些问题，本章提供了关于如何提出和使用好的问题来培养和促进教学。你将学习如何根据学生必须给出的 DOK 反馈来确定一个好问题的 DOK 水平；学习提出不同 DOK 水平的好问题；学习如何使用好问题，实施探究式 DOK 教学；学习如何鼓励学生提出 DOK 好问题。本章以若干任务结束，它们将引导你基于第七章制订的 DOK 教学计划提出好问题。

如何理解和应用好问题

探究式 DOK 教学促使学生思考和回答以下问题，这些问题涉及每个 DOK 水平的核心概念和持久理解。

- 什么是知识？
- 知识为什么能够被理解或使用？如何做到？
- 知识还可以被如何理解或使用？

图 8.1 展示了 DOK 模型应用于探究式学习的方法与模式。每个 DOK 模块还包含具体的好问题题干的示例，这将促使学生在指定的 DOK 水平展现一个特定的心理加工过程。问题题干后面的词语和短语决定了学生必须思考和反馈的 DOK 水平。

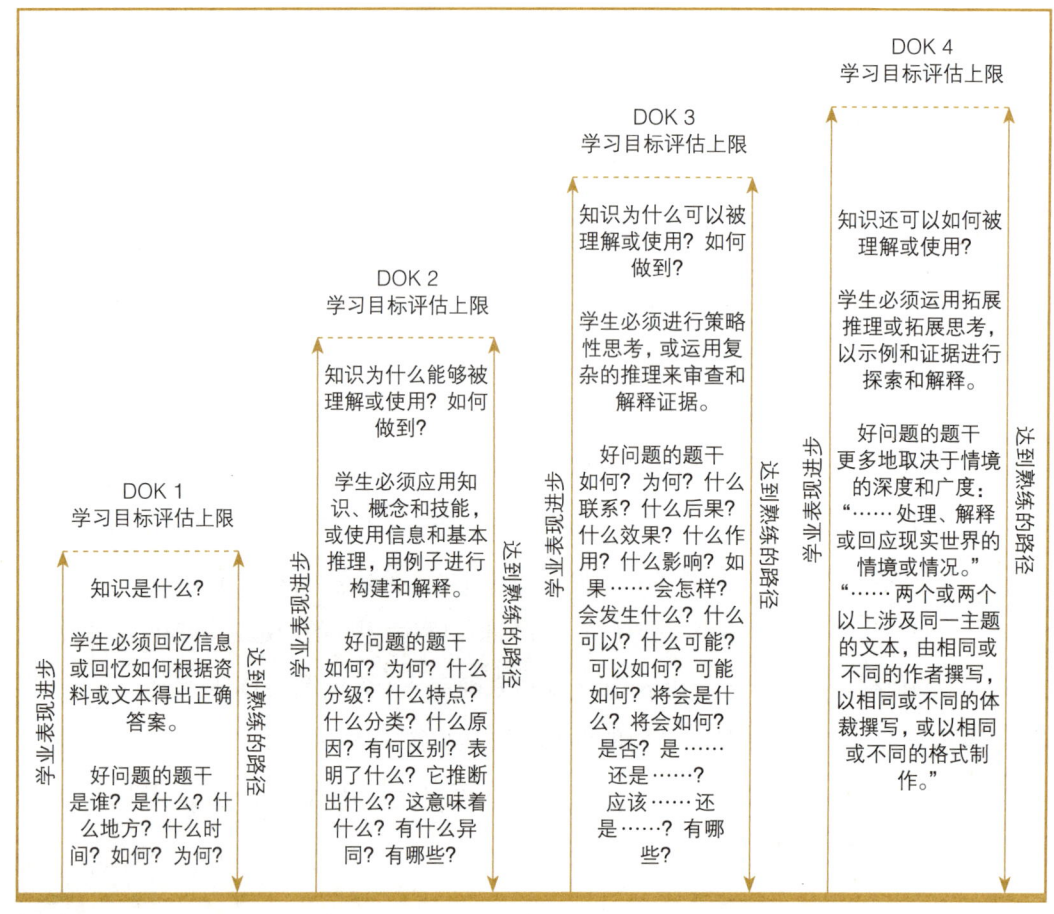

图 8.1　包含 DOK 好问题题干的 DOK 模块

接下来，我们将讨论四个基本步骤。它们能帮助你理解和使用 DOK 好问题。

- 确定某个好问题的 DOK 水平。
- 提出 DOK 好问题。
- 使用好问题开展探究式 DOK 教学。
- 鼓励学生提出 DOK 好问题。

确定某个好问题的 DOK 水平

好问题的认知精准取决于以下几点（Francis，2016a）：

- 学生必须展示按照修订后的布卢姆教育目标分类给出的思维类型和知识类型。
- 学生根据 DOK 水平理解和运用知识和思维的深度和广度。

好的问题以 6W1H（谁、什么、何地、何时、为何、哪个、如何）开头。与认知行为动词一样，问题题干提示学生必须展现的思维的类型和水平。跟在问题题干后面的词语和短语，决定了学生必须展现的DOK技能以及必须给出的DOK反馈。参考表8.1中的好问题。每个问题都要求学生反思"如何做"，然而，跟在问题题干后面的词语和短语，才能准确说明学生必须反思什么以及如何回应。

表8.1　如何使用DOK好问题的题干来确定DOK水平

DOK好问题	DOK技能	DOK反馈	DOK水平
你如何创建多个事件的时间表？	回忆如何做	正确应答	DOK 1（低）
你能够如何创建和使用相关事件的时间表来比较同时发生的事件的发展？	应用知识、概念和技能	建立并用示例解释	DOK 2（中）
你可以如何创建和使用相关事件的时间表来比较同时发生的事件的发展？	策略性思考	检查并用证据解释	DOK 3（高）
你可以如何创建和使用相关事件的时间表来评估事件的发展是怎样被特定的时间、地点、环境所塑造的？	拓展性思考	探索并用例子和证据解释	DOK 4（扩展）

问题水平也取决于问题的类型。表8.2是我的另一本书《提出好问题！》中介绍的认知精准提问框架的扩展版本。这些好问题所要求的DOK，取决于问题要求学生给出的反馈程度。例如，好的分析性问题要求学生形成示例并利用其解释（DOK 2），检查并用证据解释（DOK 3），或探索并用示例和证据解释（DOK 4）。然而，某些好的问题总是只要求学生在某个特定的DOK水平上回应。例如，事实性问题只是DOK 1，因为它们只要求学生正确应答。好的假设性问题和好的论辩性问题是DOK 3和DOK 4，因为它们要求学生检查或探索并用证据进行解释。

表8.2　认知精准问题的DOK水平

认知精准问题	好问题	DOK水平
事实性	谁？什么？何地？何时？为何？哪个？如何？ 学生必须理解的词语和术语是什么？ 具体的细节、事实或信息是什么？ 概念或程序是什么？ 正确答案是什么？	DOK 1

解构知识深度
一种深入教学的方法与模型

续表

认知精准问题	好问题	DOK水平
分析性	如何以及为什么能够使用概念或程序？ 有什么特点？ 是什么分类？ 有什么异同点？ 有什么区别或指标？ 存在什么关系？（因果关系） 它推断或暗示了什么？ 是什么模式或趋势？	DOK 2 DOK 3 DOK 4
反思性	有什么效果？ 有什么联系？ 有什么后果？ 有什么影响？ 有什么作用？ 有什么理由？ 有什么原因？ 有什么结果、解决方案？	DOK 2 DOK 3 DOK 4
假设性	如果……会怎样？ 会发生什么？ 可能发生什么？ 将会如何？ 有什么替代方案或选择？ 有哪些可能？	DOK 3 DOK 4
论辩性	是或否？ 是……还是……？ 应该……还是……？ 有哪些？ 哪种选择、意见或结果是最好的、最有效的或最合适的？ 如何处理或解决一个问题或情况？	DOK 3 DOK 4
情感性	你相信什么，思考什么，感受什么？ 你的观点、视角或想法是什么？ 你怎么能……？ 你怎么可以……？ 你可以创造、设计、开发或者做些什么？	DOK 2 DOK 3 DOK 4

续表

认知精准问题	好问题	DOK水平
个性化	你有什么问题？ 你想知道或理解什么？ 你想学什么？ 你想如何运用学到的知识？	DOK 1 DOK 2 DOK 3 DOK 4

来源：改编自 Francis, 2016a.

确定DOK水平好问题的最简单方法是，确定学生必须给出的DOK反馈。如果某个好问题要求学生正确应答，那么它就是DOK 1。如果某个好问题要求学生建立并用示例解释，那么它就是DOK 2。一个DOK 3的好问题，将鼓励学生检查并用证据解释。一个DOK 4的好问题，将鼓励学生在一段较长时间里探索并用示例和证据解释。注意，较长时间是DOK 4的好问题的特征，而不是标准。

提出DOK好问题

提出一个DOK好问题的最简单的方法是，在某个学习目标前面，加上相应的问题描述，"你是如何做到……？""你如何能够做到……？""你如何可以做到……？"这就把学习目标从指令性陈述转化为问题，从而让学生思考和回答他们（或你）可以用知识做什么（Francis, 2016a）。表8.3将学习目标的例子改写成了情感性的DOK好问题。

表8.3 将学习目标改写为DOK好问题

学习目标	DOK好问题
用较小单位来表示较大单位的测量值。（DOK 1）	你如何用较小单位来表示较大单位的测量值？（DOK 1）
化简数值表达式，不包含指数且包含最多两个级别的分组。（DOK 2）	你如何化简数值表达式，使之不包含指数且包含最多两个级别的分组？（DOK 2）
确定词语和短语在文本中的比喻意义。（DOK 2）	你如何确定词语和短语在文本中的比喻意义？（DOK 2）
建立并使用一个模型，来描述单个细胞的完整功能，以及细胞的组成部分形成细胞完整功能的方式。（DOK 3）	你如何建立并使用一个模型，来描述单个细胞的完整功能，以及细胞的组成部分形成细胞完整功能的方式？（DOK 3）

另一个提出DOK好问题的简单方法是，把DOK学习目标的第一人称介绍（例如，"我能够……"或"我们将会……"）替换成"你如何做到……"。表8.4展示了如何将一

个DOK学习目标改写为一个好问题。是否将DOK技能包含在DOK好问题中,这由教师决定。如果包含,能够让期望更加明确,且更容易理解或评估。

表8.4　将DOK学习目标改写成DOK好问题

DOK学习目标	DOK好问题
我能够使用证据支持的复杂推理,来解释为什么加法和减法策略在以下方面起作用。 • 场景价值(DOK 3) • 运算的性质(DOK 3)	你如何解释加法和减法策略在以下方面起作用? • 场景价值(DOK 3) • 运算的性质(DOK 3)
我能够用证据支持的复杂推理,来解释同一物种个体之间遗传特征的差异如何在以下方面提供优势。 • 生存(DOK 3) • 寻找配偶(DOK 3) • 繁殖(DOK 3)	你如何解释同一物种个体之间遗传特征的差异在以下方面提供优势? • 生存(DOK 3) • 寻找配偶(DOK 3) • 繁殖(DOK 3)
我能够使用证据支持的复杂推理,来分析音乐的元素是如何与以下方面的内容相关的。 • 风格(DOK 3) • 情绪(DOK 3)	如何分析音乐的元素与以下方面的内容相关? • 风格(DOK 3) • 情绪(DOK 3)

很多学习目标都有一个问题题干(或者题干的一部分),这个问题题干就可以用来提出一个DOK好问题。表8.5展示了如何根据包含问题题干(或者题干的一部分)的学习目标提出DOK好问题。

表8.5　根据包含问题题干(或者题干的一部分)的学习目标提出DOK好问题

DOK学习目标	DOK好问题
解释文本结构的使用如何服务于作者的目的。(DOK 3)	文本结构的使用是如何服务于作者的目的的?(DOK 3)
解释人们当下的视角是如何影响对过去的解释。(DOK 4)	人们当下的视角是如何影响对过去的解释的?(DOK 4)
解释目标语言和学生母语中词汇结构(衍生、前缀、后缀等)的异同。(DOK 2)	目标语言和学生母语中词汇结构在以下方面有何异同? • 衍生(DOK 2) • 前缀(DOK 2) • 后缀(DOK 2)

续表

DOK学习目标	DOK好问题
解释一件艺术作品的展示方法、位置和体验如何影响人们对它的感知和评价。（DOK 3）	以下方面会对艺术作品的感知和评价产生什么影响？ • 展示方式（DOK 3） • 位置（DOK 3） • 体验（DOK 3）

DOK成功标准也可以改写成DOK好问题。要提出问题，首先删除"学生必须"和DOK成功标准陈述的DOK反馈。然后将陈述句改写为疑问句，以DOK成功标准中的问题题干开头。如表8.6所示。

表8.6 将DOK成功标准改写成DOK好问题

DOK成功标准	DOK好问题
学生必须检查并用证据解释可以如何分析比例关系并用于解决真实世界问题和数学问题。（DOK 3）	如何分析比例关系并用于解决真实世界问题和数学问题？（DOK 3）
学生将要建立案例并用其解释，是什么让多种环境中的公共政策在下列方面产生了差异。 • 目的（DOK 2） • 实施（DOK 2） • 后果（DOK 2）	是什么让多种环境中的公共政策在下列方面产生了差异？ • 目的（DOK 2） • 实施（DOK 2） • 后果（DOK 2）
学生必须建立示例并解释，视觉形象的组成部分如何传递信息。（DOK 2）	视觉形象的组成部分如何传递信息？（DOK 2）
学生必须检查并用证据解释，食物选择会对以下方面产生什么影响。 • 体育活动（DOK 3） • 青少年运动（DOK 3） • 个人健康（DOK 3）	食物选择会对以下方面产生什么影响？ • 体育活动（DOK 3） • 青少年运动（DOK 3） • 个人健康（DOK 3）

如果学习目标没有问题题干，用一个能引导学生在DOK水平上进行思考和反馈的问题题干来代替认知行为动词。图8.2是我本人的书《提出好问题！》中介绍的布卢姆问题倒金字塔的更新版本。请注意，布卢姆的层次是如何包含问题题干而不是认知行为动词的。这个特点也使得"综合"成为布卢姆分类学中的一个认知类别。这一层次的好问题，要求学生思考并表达自己对所学内容的态度、信念和感受。这就是为什么会强调不同水

平对应的问题题干。把认知行为动词改写成布卢姆的问题题干之一，将有助于决定学生必须给出的DOK反馈。在问题题干后面的词语和短语确定了一个好问题的DOK水平。

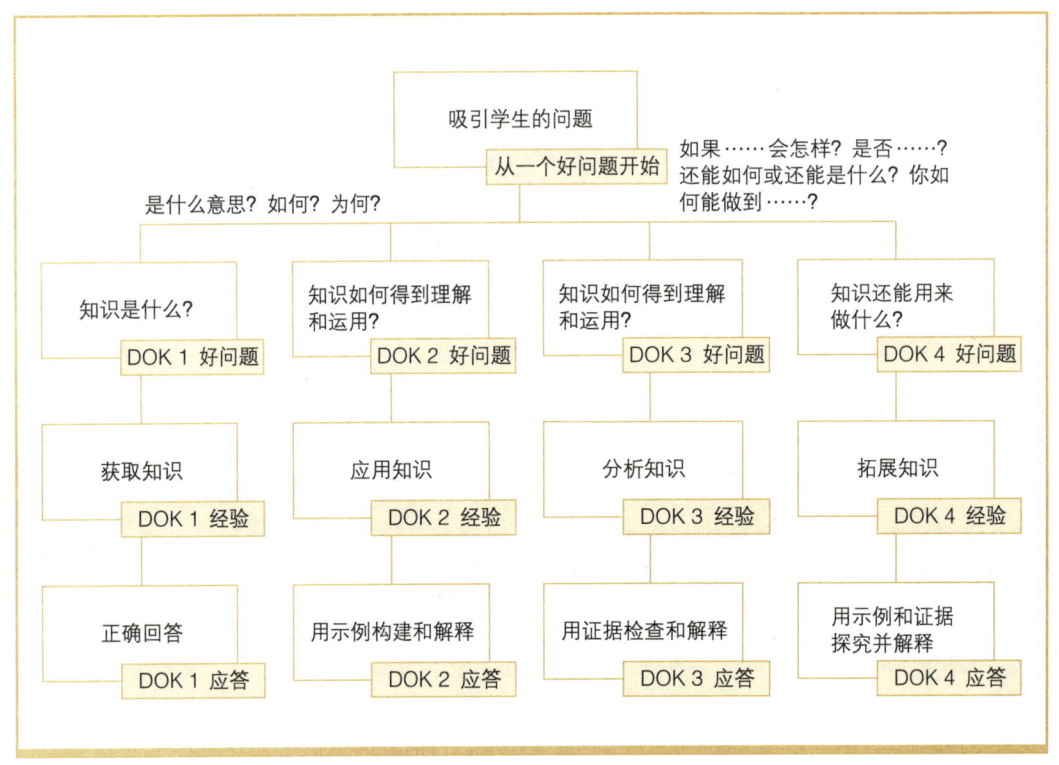

图8.2　DOK探究思维导图

"探究思维导图"的体验和过程始于向学生提出一个好问题——或者用一个好问题"吸引学生"。关于"吸引学生的问题"可以是任何DOK水平、任何类型。可以问学生一个看似简单的问题，比如"2+2是什么？""谁是美国的第一任总统？""什么是生活？"如果这些问题只要求学生回忆信息或者回忆如何做，那么这些问题就会定为DOK 1。然而这些好问题可以作为一个探究式DOK教学体验的起点。学生不需要回答甚至不需要知道这个问题的答案——至少最初不需要。"吸引学生的问题"就是为了激发学生的思维、好奇和兴趣，并且还要求学生在做出回应之前必须反思。

"吸引学生的问题"还引入了一个好的基本问题，这个问题将在一个综合性跨学科单元或单学科课程中进行探索和解释。表8.7展示了四种不同类型的好的基本问题，这些问题可以用在探究式DOK教学过程的最开始，"吸引学生"。DOK水平的不同，取决于教学重点的复杂程度和教学目标的范围。但提出不同问题的目的是一样的，即激发学生的思维、好奇和兴趣，鼓励学生表达和分享学习成果。

表8.7 "吸引学生"的核心问题

基本问题类型	DOK好问题	DOK水平
通用型（universal）	什么是需要探索和解释的全球性或普遍性的想法、问题、主题或话题？	DOK 1 DOK 2 DOK 3 DOK 4
核心型（overarching）	针对一个具体学科，必须建立、检查和解释的核心思想和持久理解是什么？	DOK 2 DOK 3
主题型（topical）	年级的标准、活动和评估的教学重点与目标是什么？	DOK 1 DOK 2 DOK 3
驱动型（driving）	你能创造、设计、开发、实施、计划或生产什么产品来反映你学习的深度？	DOK 3 DOK 4

探究思维导图的最上面一行提供了很好的澄清性问题，能帮助学生详细阐述自己的答案，拓展自己的知识和思维。例如，如果学生回答了一个问题"2+2是什么？"你追问："这是什么意思？"这就要求学生解释自己如何使用加法来求和。这就是学生必须发展和展示的可迁移的知识。在回答关于"美国第一任总统"的问题时，你追问："如果我告诉你有8个人被任命为美国总统的过程，都是根据联邦条例，由国会选举的，你会怎么想？"这就是在加深学生的知识、理解和意识。若提问"生活还有什么其他的定义或解释？"教师在给出一些答案之后，还可以继续扩展学生的思维。

探究思维导图的四个分支展示了探究式DOK教学可以采取的不同路径。分支的第一行提出了一个好的关键问题，它定义并驱动了一个具体的探究式DOK教学。第二行引入了探究式DOK教学的重点和目标。第三行表明了学生必须给出的针对分支的好问题的DOK反馈。

就像DOK水平一样，探究思维导图的分支是描述学生能够体验到的不同或更深层次的探究方式，而非测量。这里的分支的功能并不像分类学。探究式DOK教学的DOK水平的起点和终点并不固定。探究的实施和难度，取决于问题的要求，以及学生必须给出的回应的深度和广度。

鼓励学生提出DOK好问题

在课堂上，教师不应该是唯一提出DOK好问题的人。教师还应该鼓励学生提出问题，这些问题在他们的认知要求方面有所不同和深化。一种方法是问学生对某一学科想要学习什么。这就是好的个人问题。这些好问题"激励学生主动探索想学习的学科和主题，然后跟同学分享所学到的东西"（Francis，2016a）。这些问题的DOK水平会有所不同。然而，这不是要求学生提出一个反映更高DOK水平的好问题，也不是要学生改变自己的问题。好的个人问题是属于学生自己的——是其想要思考和回应的问题。如果学生的问题与学科有关，并且符合一个好问题的标准，那么应该被允许提出和解决这个问题。但是，教师要告诉学生，他们将要和班级同学分享学到的东西。

鼓励学生提出不同DOK水平的好问题的有效方法，是由丹·罗斯坦和鲁兹·桑塔纳开发的"问题形成技术"（Question Formulation Technique，QFT）（Dan Rothstein & Luz Santana，2011）。它从教师向学生提出问题焦点开始，问题焦点是学生提问的出发点。它可能是一个引用、陈述、图片、问题，甚至可能是标准中的学习目标。在规定的时间内，学生要尽可能多地提出关于问题焦点的问题并且写下来。学生不能停下来讨论、批评，更不能去回答自己提出来的任何问题。学生要做的就是，一想到问题就马上写下来。等时间一到，学生就要回看自己的问题；把问题分成开放式问题和封闭式问题，调整或修改问题的形式、措辞。教师提醒学生对问题进行优先级排序，选择自己必须首先解决的问题和认为至关重要的问题。

在探究式DOK教学中使用问题形成技术的过程是相同的。在学生对自己的问题进行分类和调整之后，教师让学生对问题的认知精准进行分类和统计（例如：有多少问题是事实性的、分析性的、反思性的、假设性的、论辩性的、情感性的？）；让学生去挑战如何深化或拓展自己的问题所需要的DOK水平；让学生提出具体的问题（例如：你可以问什么样的假设性问题？）。教师鼓励学生尽可能地发挥自己的创造性和好奇心，并与全班同学分享问题。教师还应让班级学生有机会选择，作为班级整体应该回应哪些问题，作为学生个体又应该回应哪些问题。

教师和学生都提出DOK好问题，推动了教师和学生围绕教学内容，在不同情境下理解和应用，并进行深入交流。这也使DOK教学成为一种师生互动的共享体验。

总　结

探究式DOK教学过程应该做到以下几点：

- 激发学生思考。
- 加深学生理解和认识。
- 拓展学生的知识和思维。
- 点燃学生的好奇心、想象力和求知欲。
- 鼓励学生以自己的方式表达和分享学习。
- 促使学生在回答前思考或研究。
- 使用疑问句表达目标。

以上是使用好的问题来进行教学指导的原则。如果这个问题能促使学生作出以上任何一个动作，那么它就是一个好问题。然而，就像标准、活动和评估都指向学习目标一样，一个好问题的DOK水平，取决于这个问题的题干之后是什么，以及这个问题在DOK教学过程中的使用方式。

应用知识深度

请你作为个人或是教师团队的一员，完成以下任务。

使用你在第五章至第七章中解构并重构的学习目标（或者选择别的学习目标），通过以下步骤设计出DOK好问题。

- 把"你如何能够……"放在学习目标的开头。这样可以把学习目标从客观陈述句改写成疑问句。

- 用"你如何能够……"替换DOK学习目标的"我能……"语句。这样可以把学习目标陈述重新表述为一个好问题。在DOK问题中是否包括学生需要展现出来的DOK技能，你可以自行决定。

- 删除DOK成功标准中学生必须给出的DOK反馈。这样可以把成功标准陈述重新表述为一个好问题。

- 检查学习目标的认知行为动词所对应的布卢姆分类，并替换成布卢姆提问倒金字塔的相应层次的问题题干。这有助于决定学生必须给出的DOK反馈。

- 拆解标准,提出一个以6W1H开头、包含概念或特定内容的名词和程序性动词的好问题。这些DOK好问题将促使学生描述细节及术语,或者解释概念及程序。

使用"从目标到标准再到问题"表格,将你的DOK学习目标和DOK成功标准,重新表述为DOK好问题。

附:从目标到标准再到问题

DOK学习目标	DOK成功标准	DOK好问题

第九章
让我们一起来应用 DOK 模型

在2016年，我为颇受欢迎的电视节目写过一个博客，比较了韦伯知识深度水平的要求。我把它叫作"让我们一起来做DOK！"（Francis，2016b），它和一个游戏类电视节目的题目"让我们一起来做交易"很像。我们改编了游戏类电视节目的模式，把它运用到教室中，开发和实施DOK模型教学，这不仅具有教育性，同时是富有活力的、丰富的和愉悦的。

在这一章，你将感受DOK模型教学与以下内容的相似性：

- 如《危险》和《谁想成为百万富翁》这样的电视问答秀。（DOK 1）
- 如《和鲍勃一起快乐画画》这样的电视教学节目和《跟着瑞秋做30分钟快手菜》这样的DIY节目。（DOK 2）
- 如《顶级厨师》和《乐高大师》等基于技能的真人秀比赛或是电视圆桌讨论。（DOK 3）
- 如《厨房噩梦》《学徒》《鲨鱼坦克》等商业和专业电视真人秀。（DOK 4）

你可以运用以下描述的模式，也可以根据课堂需要进行调整。

DOK 1：问答秀

DOK 1教学过程的学习要求就和电视问答秀一样，如《危险》和《谁想成为百万富翁》这样的节目。在这些节目中，主持人组织游戏、提供信息、提出问题或布置任务。这些问题和任务是有难度的，但不复杂。因为它们要求参赛者正确地回忆、复述或再现信息或程序。能够正确回答最多问题或成功完成最多任务的选手可以赢得奖品或是荣誉。

去实施DOK 1的教学过程就好像一个电视问答秀，教师如同主持人一样提出问题或给出任务，要求学生回忆事实或展示如何操作来正确回答。学生用单一的词汇、数字或简单的陈述来回应。学生通过评估的方式和电视选手回答节目问题赢得比赛的方式是一样的，都是正确回答更多的问题或是成功完成更多的任务。但是，目标不是让学生赢，而是让他们成功。而你，课堂中的教师将会支持他们获得成功。利用电视问答秀的案例可以帮助学生和教育者更好地理解他们在DOK 1教学中的角色和责任。

DOK 2：教学节目和DIY视频

为了更好地理解DOK 1和DOK 2教学之间的差异，可以来看一下如《和鲍勃一起快乐画画》这样的电视教学节目或《跟着瑞秋做30分钟快手菜》这样的DIY节目。这些节目片段呈现了DOK 2，因为每一个这样的节目中，明星在30分钟以内展示并分享他们的理解，以及如何运用知识去描绘一幅风景画或准备一道美味的餐食。但是，如果这些节目被静音或降低音量，那么它们就是DOK 1，因为它们仅仅展示了如何做某件事。这是DOK 1和DOK 2教学过程之间的主要区别。学生必须交流和展示如何理解和为何理解，以及如何使用和为何使用的心理过程。这也使得学生从他们回忆、复述或再现的学习者角色，转变到展示、分享或总结的教师角色。

在DOK 2的教学过程中，我们要告诉学生他们是这场秀中的明星。摄像机或聚光灯聚焦在学生身上，他们展示、分享或总结如何准确运用学科特定知识和技能去完成活动、题目或任务。作为教师，你是这场秀的制片人或导演，通过不断提示学生描述和解释如何以及为何这样做来指导学生的表演。学生的展示或表演的成功不仅取决于是否正确完成任务，还取决于交流思想、推理的清晰程度。为了让DOK 2的教学过程更具创造性和趣味性，你也可以让学生制作DIY的视频，由他们主演，解释如何理解或使用知识和制作的心理过程。

DOK 3：基于技能的真人秀比赛和圆桌讨论

DOK 3的教学过程类似于基于技能的真人秀比赛，如《顶级厨师》或《乐高大师》这样的节目。这些节目把参加者置于一个受控情境或模拟真实世界的情境，参加者策略性地思考如何理解和运用知识，在一定的时间中利用可获得的资源或工具，完成一个复杂的任务或制作一个创造性的作品。真人秀比赛节目的特点在于,参赛者必须在整个过程中不断向主持人、评委、观众证明自己的行为、决定或推理是合理的。参赛者是否成功不仅取决于是否完成了目标,还取决于是否能够向其他人传达行动、决定和推理,并说服其他人在给定的情况和规定下它们是可信和有效的。

为了提供一个像真人秀电视比赛节目一样的DOK 3教学过程,教师可以向学生展示一个共同目标,学生须在一定时间范围内通过使用某些成分或工具来实现这个共同目标,同时教师允许学生通过合作或独立工作来达成目标。就像真人秀比赛节目的主持人一样,教师在房间里走动、巡视,并告知学生需要多少时间来完成任务或制作产品。教师提出必须证明的探究性问题和要考虑的假设性问题。时间一到,学生就开始展示产品或分享经验,解释和证明他们的行为、决定或推理,并提供证据支持。他们的展示不仅必须解释是如何完成目标的,还必须解释为什么要这样完成任务或制作产品。学生要知道的是,被评估的内容不仅包括任务完成度或产品完成度,还包括过程合理性。

DOK 3教学过程也可以是圆桌讨论,类似于政治节目(如《与媒体见面》)、脱口秀(如《观点》)或体育评论节目(如《美国橄榄球联盟内部》)中的片段。每一个节目都有一个环节,主持人在其中提出一个主题或问题,并主持参与者之间的对话。参与者参与深度对话或辩论。在对话或辩论中,他们不仅要解释,还要证明对某一情况的分析或评估是合理的,并利用他们的深度知识或理解,使用虚拟推理来支持相应主张或评论。主持人和参与者通过对话共享和开放性问题探究相结合的方式,推动对话越来越深入。这些开放性问题不仅可以激发更深入的思考,还可以鼓励更深入的讨论。

为了能实施像政治节目、脱口秀或电视秀节目中的圆桌讨论环节一样的教学过程,教师需要提出一个开放性的好问题,而这个问题与班级中正在阅读或复习的文本、主题有关。教师告知学生不需要正确地回答问题,但需要通过深入研究和解释文本中提出的观点或主题来解决问题。学生之间的对话可能在DOK 2和DOK 3之间摇摆,DOK 3就是学生使用示例或证据来支持他们的结论。教师可以让学生用证据来辩护或反驳为什么他们的示例是准确、合理或有效的。这些圆桌讨论的环节可以由全班参加,也可以分小组参加,让学生参与讨论,并与全班分享主张、结论,以促进更深入的对话或推动进一步的辩论。

DOK 4：商业和专业真人秀

DOK 4教学过程与商业和专业真人秀很相似，如《厨房噩梦》《学徒》《鲨鱼坦克》这样的节目。这些电视节目是问题化（problem-based）和项目化（project-based）学习经验，要求创业者和专业人士广泛思考如何理解和使用个人专业知识来解决问题或完成项目。在一些情境中，这些问题和项目具有挑战性，需要创业者和专业人士竭尽全力才有可能成功解决或完成。然而，这些电视节目记录了他们在真实世界中真正的奋斗和成功。

《厨房噩梦》是一个问题化学习经验的节目，具有挑战性。在这档节目中，一位专业厨师兼餐馆老板戈登·拉姆齐（Gordon Ramsay）受一家餐馆老板邀请，帮助他们重组或振兴一家陷入困境或濒临倒闭的餐馆。《厨房噩梦》大多数分集的结局对于那些餐厅来说都是好的，餐厅发生了迈向成功的转折。然而，在许多情况下，解决方案仅是适用于特定情况的快速修复方案。事实上，根据乔安娜·凡托齐和黛布拉·凯莉发表的文章，"2007—2014年间节目中出现的77家餐厅中只有15家依然开着"（Joanna Fantozzi & Debra Kelly，2020）。失败率高不能完全归因于拉姆齐，他被邀请提供咨询意见并分享了个人专业看法。开设和运营一家餐馆（或事实上任何生意）都具有挑战，因为涉及的因素和问题众多，其中的大多数是不可预测甚至不稳定的。经营成功的企业没有具体的公式或流程。《厨房噩梦》中那些苦苦挣扎或濒临失败的企业所能做的，就是在问题变得过于严重或具有挑战时，请那些具有个人专业能力的人来解决。然而，无法保证专家建议的解决方案有效或可持续。

DOK 4的教学过程和《厨房噩梦》很相似，拓展了学生在DOK 3中发展和显示出来的专业思维。学生们被号召独立或参与小组来解决一个极其复杂的现实问题。它不一定是一个有挑战性的问题或很难的项目。然而，它应该将学生的学习时间延长一些，使他们超越内容、课程或课堂的限制（如果必须在教室的规定时间内解决问题或完成任务，属于DOK 3）。学生经历了一个问题化学习过程，并面向为解决问题或完成任务发展学科素养和核心素养。学生们提出结论、建议或解决方案，并辅以相关示例和证据。学生的表现不仅应根据解决方案的成功程度来评估，还应根据问题解决方法和策略的有效程度来评估。学生还应该进行自我评估。

《学徒》是一个项目化学习的节目。在这个节目中，参与者是具备多元个人专业能力的"候选人"，并被编入不同的小组——这些小组被称作"公司"——必须解决复杂问题或完成相关项目。节目的分集展示了每个候选人和公司试图制订计划或设计产品以解决所提出的问题或分配项目时所经历的考验和磨难。这些计划或产品，设计或开发的过程，公司表现和个人表现都得到主持人、咨询专家和每个团队成员的评估。这一切都发生在董事会会议室，候选人不仅要解释他们的计划、产品和过程，还要证明其行动、决定和结果，这样才不会被竞争对手淘汰。

去实施和《学徒》节目一样的DOK 4教学过程，教师需要将自己的学生分成小组，然后出示一个他们必须解决的问题或是必须完成的项目。他们应该记录处理问题或协调项目的过程和经验，无论是书面记录还是用照片、视频等方式记录。在最后，学生向由学校代表或利益相关者（如教师、学校或学区管理者、社区成员）、将受计划或产品影响的人组成的评审组介绍。学生演讲应解释其目的，详细说明其规划和生产过程，并证明其行动和决定的合理性。利益相关者评审员应评估计划、产品和学生表现如何。学生还应该进行自我评估和同伴评估，并在评估中用例子和证据来批判和肯定自己的表现。

《鲨鱼坦克》是一个真实情境学习过程，其特点是个人利用专业能力开发计划或设计产品，从而解决问题或完成项目。在《鲨鱼坦克》节目中，有抱负的创业者和开发人把他们的公司或产品推荐给投资人评审组——"鲨鱼"——希望达成交易并建立商业伙伴关系。《鲨鱼坦克》不仅与推销有关，也与项目有关。《鲨鱼坦克》推销的成功不仅取决于提案计划或产品的质量，还取决于演讲的质量。问题有两个：创业者或开发者能想出什么样的创意计划或发明产品？如何让"鲨鱼"相信他们的想法或发明是值得投资的？

DOK 4教学过程和《鲨鱼坦克》一样，不仅是高度拓展性的也是非常个性化的。在这个过程中，并不是提供一个让学生解决的具体问题或完成的任务，而是鼓励学生运用示例和证据探索并解释如何运用个人专业能力去解决选择的问题或完成选择的项目。学生还被鼓励广泛思考如何开发或设计原创性计划与产品。与《鲨鱼坦克》一样，在DOK 4教学过程中，学生应向评估小组提交计划或产品。然而，学生的汇报展示应该根据演讲的质量进行评估，而不是过程或是计划与产品。目标是让学生使用由实例和证据支持的拓展性推理来说服评估者，他们的计划或产品具有质量、价值或持久性，有潜力成为更好的产品。

总　结

在所有我解释的DOK模型和韦伯的知识深度水平的方式之中，电视节目的类比对于教师和教育管理者来说都是最好理解的。事实上，我使用了电视节目的类比，便于教育工作者理解DOK模型的教学是什么样的。

应用知识深度

请你作为个体或是教师团队的一员，完成以下任务。

规划和提供类似以下电视节目形式的DOK模型教学过程。

- 在电视问答秀中，要求参加者正确回忆信息或回忆如何做某件事情。此为DOK 1。
- 在电视教学节目中，某个人在视频或节目中展示或交流如何应用知识、概念和技能，或是运用信息和基本推理回答问题、解决问题、完成任务，或是分析特定文本或主题。此为DOK 2。
- 在电视真人秀比赛中，参与者进行策略性思考，在有限时间中运用证据进行检查与解释他们是如何运用知识与技能来完成一个复杂的活动或任务。此为DOK 3。
- 在圆桌讨论中，参与者利用证据进行复杂推理，参与到某个文本或主题的辩论或讨论之中。此为DOK 3。
- 在商业真人秀中，个人或小组运用专业能力支持的拓展性思考，以有见地、创新性、创造性或独特的方式解决、解释或回应一个真实世界的场景。此为DOK 4。

参考文献

Ainsworth, L.(2003). *"Unwrapping" the standards: A simple process to make standards manageable.* Denver, CO: Advanced Learning Press.

Anderson, L. W., & Krathwohl, D. (Eds.). (2001). *A taxonomy for learning, teaching, and assessing: A revision of Bloom's taxonomy of educational objectives.* New York: Addison Wesley Longman.

Bentley, J., & Toth, M. (2020). *Exploring wicked problems: What they are and why they are important.* Bloomington, IN: Archway Publishing.

Berger, R., Rugen, L., & Woodfin, L.(2014). *Leaders of their own learning: Transforming schools through student-engaged assessment.* San Francisco: Jossey-Bass.

Biggs, J. B., & Collis, K. F.(1982). *Evaluating the quality of learning: The SOLO taxonomy(Structure of the Observed Learning Outcome).* New York: Academic Press.

Blackburn, B. R. (2013). *Rigor is NOT a four-letter word* (2nd ed.). Larchmont, NY: Eye on Education.

Blackburn, B. R., & Witzel, B. S. (2018). *Rigor in the RTI and MTSS classroom: Practical tools and strategies.* New York: Routledge.

Bloom, B. (1956). *Taxonomy of educational objectives, handbook I: The cognitive domain.* New York: David McKay.

Buffum, A., Mattos, M., & Malone, J. (2018). *Taking action: A handbook for RTI at Work.*

Bloomington, IN: Solution Tree Press.

Buffum, A., Mattos, M., & Weber, C. (2009). *Pyramid response to intervention: RTI, professional learning communities, and how to respond when kids don't learn.* Bloomington, IN: Solution Tree Press.

Cash, R. M. (2017). *Advancing differentiation: Thinking and learning for the 21st century* (Rev. ed.). Minneapolis, MN: Free Spirit Publishing.

Chauvin, R., & Theodore, K.(2015). Teaching content-area literacy and disciplinary literacy. *SEDL Insights*, 3(1).

Clark, B. (1983). *Growing up gifted: Developing the potential of children at home and at school* (2nd ed.). Columbus, OH: Charles E. Merrill.

Clapton, E., & Robertson, R.(1986).It's in the way that you use it. *August* [CD]. Burbank, CA: Warner Bros.

Conklin, J. E.(2006). *Dialogue mapping: Building a shared understanding of wicked problems.* Hoboken, NJ: John Wiley & Sons.

Cook, H. G.(2005, December 21). *Alignment Report 6: Aligning English language proficiency tests to English language learning standards— ligning assessment to guide the learning of all students.* Washington, DC: Council of Chief State School Officers.

Cook, H. G.(2007). *Some thoughts on English language proficiency standards to academic content standards alignment.* Madison: Wisconsin Center for Education Research.

Costa, A. L., & Kallick, B.(Eds.).(2008). *Learning and leading with habits of mind: 16 essential characteristics for success.* Alexandria, VA: Association for Supervision and Curriculum Development.

Council of Chief State School Officers.(2012). *Common Core State Standards.* Washington, DC: Author.

Council of Chief State School Officers.(2014). *English language proficiency (ELP) standards.* Washington, DC: Author.

Department of Education, Skills, and Employment.(2015). Humanities and social sciences: Civics and citizenship—year 8—Foundation—year 10 Australian curriculum. Sydney, Australia: Author.

Dobson, M. S.(2013). *Project: Impossible——How the great leaders of history identified, solved, and accomplished the seemingly impossible——and how you can too!* Oshawa, Ontario: Multi-Media Publications.

DuFour, R., & DuFour, R. (2012). *Essentials for principals: The school leader's guide to Professional Learning Communities at Work.* Bloomington, IN: Solution Tree Press.

DuFour, R., DuFour, R., Eaker, R., Many, T. W., & Mattos, M. (2016). *Learning by doing: A handbook for Professional Learning Communities at Work.*(3rd ed.). Bloomington, IN: Solution Tree Press.

DuFour, R., & Eaker, R.(1998). *Professional Learning Communities at Work: Best practices for enhancing student achievement.* Bloomington, IN: Solution Tree Press.

Dweck, C. S. (2006). *Mindset: The new psychology of success.* New York: Random House.

Englehardt, M. D., Furst, E. J., Hill, W. H., & Krathwohl, D. R.(1956). In B. S. Bloom (Ed.), *Taxonomy of educational objectives: The classification of educational goals, handbook 1——Cognitive domain.* New York: David McKay.

Fantozzi, J., & Kelly, D.(2020). *The untold truth of kitchen nightmares*

Fink, L.D.(2013).*Creating significant learning experiences: An integrated approach to designing college courses.* San Francisco: Jossey-Bass.

Florida Department of Education. (2008). *Cognitive complexity/depth of knowledge rating.*

Francis, E. M. (2016a). *Now that's a good question! How to promote cognitive rigor through classroom questioning.* Alexandria, VA: Association for Supervision and Curriculum Development.

Francis, E. M. (2016b). *Let's make a D.O.K.! A game show analogy to Depth of Knowledge.*

Francis, E. M. (2016c). *Why the D. O. K. wheel does not address Depth of Knowledge.*

Francis, E.M.(2017). *What is Depth of Knowledge?*

Gillis, V.(2014). Disciplinary literacy: Adapt not adopt. *Journal of Adolescent and Adult Literacy*, 57(8), 613-623.

Hattie, J. A. C.(2009). *Visible learning: A synthesis of over 800 meta-analyses relating to achievement*. New York: Routledge.

Hattie, J. (2012). *Visible learning for teachers: Maximizing impact on learning*. New York: Routledge.

Hess, K. J.(2005a). *Applying Webb's depth of knowledge levels in writing* [White paper]. Dover, NH: Center for Assessment.

Hess, K. J.(2005b). *Applying Webb's depth of knowledge levels in social studies* [White paper]. Dover, NH: Center for Assessment.

Hess, K. J.(2006). *Exploring cognitive demand in instruction and assessment*. Dover, NH: National Center for Assessment.

Hess, K. J.(2010a). *Applying Webb's depth of knowledge levels in science* [White paper]. Dover, NH: Center for Assessment.

Hess, K. J.(2010b). *Hess cognitive rigor matrix/Health and physical education CRM.*

Hess, K. J.(2013a). *Linking research with practice: A local assessment toolkit to guide school leaders*. Underhill, VT: Educational Research in Action.

Hess, K. J.(2013b). *A guide for using Webb's Depth of Knowledge with Common Core State Standards*. New York: Common Core Institute.

Hess, K. J.(2013c). *Hess cognitive rigor matrix/Math-science CRM.*

Hess, K. J.(2013d). *Hess cognitive rigor matrix/Reading-listening CRM.*

Hess, K. J. (2013e). *Hess cognitive rigor matrix/Writing-speaking CRM.*

Hess, K. J.(2013f). *Hess cognitive rigor matrix/Socialstudies-humanities CRM.*

Hess, K. J.(2013g). *Hess cognitive rigor matrix/Fine arts CRM.*

Hess, K. J.(2015). *Hess cognitive rigor matrix/World languages CRM.*

Hess, K. J.(2017). *Hess cognitive rigor matrix/Career and technical education (CTE) CRM.*

Hess, K.J.(2018). *A local assessment toolkit to promote deeper learning: Transforming research into practice.* Thousand Oaks, CA: Corwin Press.

Hess, K. J., Carlock, D., Jones, B., & Walkup, J. R.(2009a). *Cognitive rigor: Blending the strengths of Bloom's Taxonomy and Webb's Depth of Knowledge to enhance classroom-level processes.*

Hess, K. J., Carlock, D., Jones, B., & Walkup, J. R.(2009b). *What exactly do "fewer, clearer, and higher standards" really look like in the classroom? Using a cognitive rigor matrix to analyze curriculum, plan lessons, and implement assessments.*

Hess, K. J., Colby, R. L., & Joseph, D. A.(2020). *Deeper competency-based learning: Making equitable, student-centered, sustainable shifts.* Thousand Oaks, CA: Corwin Press.

Jonassen, D. H.(2011). *Learning to solve problems: A handbook for designing problem-solving learning environments.* New York: Routledge.

Kolko, J.(2012). *Wicked problems: Problems worth solving A handbook & call to action.* Austin, TX: Austin Center for Design.

Krathwohl, D. R., Bloom, B. S., & Masia, B. B. (1964). *Taxonomy of educational objectives: The classification of educational goals. Handbook II: Affective domain.* New York: Longman.

Mager, R. F.(1997). *Preparing instructional objectives: A critical tool in the development of effective instruction* (3rd ed.). Atlanta, GA: Center for Effective Performance.

Marzano, R. J., & Kendall, J. S.(2007). *The new taxonomy of educational objectives.* Thousand Oaks, CA: Corwin Press.

Marzano, R. J., Rogers, K., & Simms, J. A. (2015). *Vocabulary for the new science standards.* Bloomington, IN: Marzano Resources.

Marzano, R. J., & Simms, J. A. (2013). *Vocabulary for the Common Core*. Bloomington, IN: Marzano Research Laboratory.

Mattos, M., DuFour, R., Eaker, R., & Many, T. W. (2016). *Concise answers to frequently asked questions about Professional Learning Communities at Work*. Bloomington, IN: Solution Tree Press.

McKnight, K. S. (2019). *Literacy & learning centers for the big kids: Building literacy skills and content knowledge jbr grades 4-12* (2nd ed.). Antioch, IL: Engaging Learners.

Merrotsy, P.(2008).Acceleration.In N.J.Salkind(Ed.), *Encyclopedia of educational psychology.* Thousand Oaks, CA: SAGE.

Miller, B. (n.d.). *The purpose of project management and setting objectives.*

Miller, G. A.(1956). The magical number seven, plus or minus two: Some limits on our capacity for processing information. *Psychological Review*, *63*(2), 81-97.

Ministry of Education Singapore. (2021). *Lower secondary express course/normal (academic) course: History teaching and learning syllabuses. History teaching and learning syllabuses.* Singapore: Curriculum and Planning Development Division.

Moore, C., Garst, L. H., & Marzano, R. J.(2015). *Creating & using learning targets & performance scales: How teachers make better instructional decisions.* Blairsville, PA: Learning Sciences International.

Moss, C., & Brookhart, S.(2012). *Learning targets: Helping students aim for understanding in today's lesson.* Alexandria, VA: Association for Supervision and Curriculum Development.

National Center for History in the Schools. (1996). *National standards for history basic edition.* Los Angeles: UCLA Public History Initiative.

National Council for the Social Studies. (2013). *The College, Career, and Civic Life (C3) Framework for Social Studies State Standards: Guidance for enhancing the rigor of K-12 civics, economics, geography, and history.* Silver Spring, MD: Author.

National Council of Teachers of Mathematics.(2000). *Principles and standards for school mathematics*. Reston, VA: Author.

National Governors Association Center for Best Practices & Council of Chief State School Officers.(2010a). *Mathematics standards*. Washington, DC: Authors.

National Governors Association Center for Best Practices & Council of Chief State School Officers. (2010b). *English language arts standards*. Washington, DC: Authors.

New York City Department of Education Promising Practice Plus.(n.d.). *Introduction to depth of knowledge*.

NGSS Lead States. (2013). *Next Generation Science Standards: For states, by states*. Washington, DC: National Academies Press.

Ontario Ministry of Education. (2007). *The Ontario curriculum grades 1-8: Science and technology*. Toronto, Ontario, CAN: Author.

Partnership for 21st Century Learning. (2019). *Framework for 21st Century Learning: Definitions*. Hilliard, OH: Battelle for Kids.

Patterson, L. G., Musselman, M., & Rowlet, J. (2013). Using the depth of knowledge model to create high school mathematics assessments—RESEARCH. *Kentucky Journal of Excellence in College Teaching and Learning*, *11*(4), 39-45.

Petit, M., & Hess, K. (2006). *Applying Webb's Depth-of-Knowledge (DOK) and NAEP levels of complexity in mathematics*. Dover, NH: National Center for Assessment.

Pink, D. H.(2009). *Drive: The surprising truth about what motivates us*. New York: Riverhead Books.

Project AERO. (2018). *AERO world language standards and benchmarks*.

Renzulli, J. S., & Reis, S. M. (2014). *The schoolwide enrichment model: A how-to guide for talent development* (3rd ed.). Waco, TX: Prufrock Press.

Rittel, H. W. J., & Webber, M. M. (1973). Dilemmas in a general theory of planning. *Policy*

Sciences, *4*, 155-169.

Rothstein, D., & Santana, L. (2011). *Make just one change: Teach students to ask their own questions.* Cambridge, MA: Harvard Education Press.

Shanahan, T., & Shanahan, C.(2008). Teaching disciplinary literacy to adolescents: Rethinking content-area literacy. *Harvard Educational Review*, *78*(1), 40-59.

Shanahan, T., & Shanahan, C.(2012). What is disciplinary literacy and why does it matter? *Top Language Disorders*, *32*(1), 7-18.

SHAPE America. (2013). *Grade-level outcomes for K-12 physical education.* Reston, VA: Author.

Sousa, D. A. (2011). *How the brain learns* (4th ed.). Thousand Oaks, CA: Corwin Press.

State Education Agency Directors of Arts Education. (2014). *National Core Arts Standards.* Dover, DE: State Education Agency Directors of Arts Education.

Stein, M. K., Smith, M. S., Henningsen, M. A., & Silver, E. A.(2000). *Implementing standards-based mathematics instruction: A casebook jbrprofessional development.* New York: Teachers College Press.

Texas Education Agency. (2011). *Texas Essential Knowledge and Skills.*

Tienken, C. (2016). *Don't be fooled: Complexity versus difficulty.*

Tindal, G. (2005). *Alignment Report 2: Alignment of alternate assessments using the Webb system— ligning assessment to guide the learning of all students.* Washington, DC: Council of Chief State School Officers.

Trilling, B., & Fadel, C. (2009). *21st century skills: Learning and life for our times.* San Francisco: Jossey-Bass.

Walkup, J. R. (2013). *Bad DOK chart sabotages understanding of depth of knowledge.*

Walkup, J. R. (2014). *Karin Hess weighs in on bad depth of knowledge (DOK) chart.*

Walkup, J. R. (2020). *The art and science of lesson design: Practical approaches to boosting cognitive rigor in the classroom.* Lanham, MD: Rowman & Littlefield.

Webb, N. L. (1997). *Criteria for alignment of expectations and assessments on mathematics and science education* (Research Monograph No.6). Madison, WI: National Institute for Science Education.

Webb, N. L. (1999). *Alignment of science and mathematics standards and assessment in four states* (Research Monograph No.18). Madison, WI: National Institute for Science Education.

Webb, N. L. (2002). *Depth of Knowledge levels for four content areas* [White paper].

Webb, N. L.(2005). *Web alignment tool (WAT): Training manual.* Madison, WI: University of Wisconsin.

Webb, N. L.(2007).Issues related to judging the alignment of curriculum standards and assessments. *Applied Measurement in Education*, 20(1), 7-25.

Webb, N. L.(2008a). *Alignment analysis of reading extended grade band standards and assessments: Wisconsin, grades 3-8 and 10.* Madison, WI: Wisconsin Department of Public Instruction.

Webb, N. L.(2008b). *Alignment analysis of mathematics extended grade band standards and assessments: Wisconsin, grades 3-8 and 10.* Madison, WI: Wisconsin Department of Public Instruction.

Webb, N. L.(2008c). *Alignment analysis of science extended grade band standards and assessments: Wisconsin grades 4, 8 and 10.* Madison, WI: Wisconsin Department of Public Instruction.

Webb, N. L.(2015a). *Mathematics DOK definitions.*

Webb, N. L.(2015b). *Reading DOK definitions.*

Webb, N. L.(2015c). *Social studies DOK definitions.*

Webb, N. L.(2019). *DOK Primer.*

Webb, N. L., Alt, M., Ely, R., Cormier, M., & Vesperman, B.(2005). *Alignment Report 1: The WEB alignment tool: Development, refinement, and dissemination—ligning assessment to guide the learning of all students.* Washington, DC: Council of Chief State School Officers.

Webb, N. L., & Christopherson, S.(2019). *DOK: Categories of cognitive engagement jbr science.*

Wiggins, G. P., & McTighe, J.(2005). *Understanding by design* (expanded 2nd ed.). Alexandria, VA: Association for Supervision and Curriculum Development.

后 记

知识深度是一个复杂、令人困惑甚至颇有争议的概念。这不仅仅是因为DOK轮提供了不准确的资源和工具，还因为DOK要求以不同的方式看待教学和学习。

你在这本书中读到的是我对知识深度的解读，以及对如何将DOK水平作为一种方法与模型来使用的想法，这些方法与模型说明了如何开发、实施和调整教学过程。我的解释是基于多年的阅读、研究和回顾韦伯关于标准和评估一致性的论文以及赫斯关于认知精准的工作。这本书也是基于我个人与世界各地的教育工作者合作的经验，我与他们分享了关于DOK轮的真相，并展示了如何将DOK水平作为多层次的支持系统来提供指导、干预响应、拓展学习和做出调整。它还强调并支持赫斯关于知识深度的说法：

任务或目标的中心动词本身不足以指定DOK水平。教育工作者必须考虑"动词之后是什么"——任务和内容/概念的复杂性，以及目标中规定的要求所需的心理加工过程。

这是知识深度的核心思想和持久理解。这也是你在规划和提供DOK教学过程时需要牢记于心的。当确定标准、活动和评估所需的知识深度时，应思考以下几点。

- 学生到底必须学什么？
- 学生必须理解和运用所学到何种程度？

一旦你知道了这些，那么可以根据以下要求的DOK水平指定所需的知识深度水平。

- 学生必须完成的DOK任务。

解构知识深度
一种深入教学的方法与模型

- 学生必须展示的DOK技能。
- 学生必须给出的DOK反馈。

这些DOK描述指标可用于检查和确认标准与解决这些问题的活动和评估之间的一致性。它们还可用于构建DOK学习目标,并阐明学生必须达到和超越的DOK成功标准,以证明其掌握程度、成功表现和学习进步。这些学习目标和成功标准也可以重新表述为好的问题,用于开发和实施基于探究的DOK教学过程。这些基于探究的DOK教学过程也可以类似于流行的电视节目,要求参与者展示他们在一系列DOK水平上的学习。

下表全面概述和总结了本书提出的关键思想和策略。

知识深度是什么

水平	教学重点	认知要求	学习过程	DOK任务	DOK技能	DOK反馈	DOK本身	DOK好问题
DOK 1	回忆、复述或再现	低	知识获取	仅事实、仅照做	• 回忆信息 • 回忆如何做	正确应答	用于回答	知识是什么?
DOK 2	概念、技能和基本推理	中	知识应用	• 展示、分享或总结 • 演示和沟通 • 具体化并解释 • 举出正例和反例	• 应用知识、概念和技能 • 使用信息和基本推理	用示例构建和解释	用于解释	如何理解和运用知识?
DOK 3	策略性思维和复杂性推理	高	知识分析	• 深入钻研 • 探究并调查 • 批判性思考或解决问题 • 创造性思考 • 辩护、证明或用证据进行反驳 • 联系、确认、总结、思考或批判	• 策略性思考 • 使用证据支持的复杂推理	用证据检查和解释	用于证明	如何理解和运用知识?

续表

水平	教学重点	认知要求	学习过程	DOK任务	DOK技能	DOK反馈	DOK本身	DOK好问题
DOK 4	拓展性思维和推理	拓展	知识拓展	·深入某个学科领域 ·超越文本和话题 ·跨越课程 ·走出课堂，在真实世界中应用	·使用专业知识支持的拓展推理 ·拓展性思考	用示例和证据探索和解释	用于实施	用知识还能做些什么?

来源：Florida Department of Education, 2008; Francis, 2016a; Webb, 1999.

DOK教学过程所要求的DOK水平取决于标准要求和学生能力。然而，作为教师，你可以自行决定教学的内容和强度。你可以根据需要调整DOK水平，以引导和支持学生实现并超越标准设定的目标，以及学生为自己设定的个人目标和期待。事实上，我鼓励教师们批判性地、创造性地思考如何使知识深度和韦伯的DOK水平对师生都有效。然而，有一些事项需要恪守，具体如下。

· 知识深度是基于学生必须学习的内容知识的复杂性，以及学生必须在特定语境中理解和使用其所学的深度和广度，而不是学生展示的认知行为。

· 知识深度要求超越认知行为动词，关注识别教学重点和说明教学目标的词汇。这些词汇和短语将决定学生必须完成的DOK任务、必须完成的DOK技能以及必须提供的DOK反馈。

· 知识深度描述了标准、活动和评估项目的认知要求，而不是其难度水平。有难度的活动、项目和任务可以是容易的也可以是困难的。教学目标的要求是简单的、复杂的或相关的。

· DOK水平分类并描述了学生在特定情境中理解和使用内容知识的四种不同且更深入的方式，它不是基于或支持认知水平上的教育目标分类学。然而，它可以作为一个多层次的支持系统来提供指导、干预响应、拓展学习和做出调整。

· DOK教学过程均以标准为基础，以学生为中心。知识深度的教学和评估以标准开始和结束。然而，对知识深度水平的DOK分层的教学，学生可以成功地表现出来，并在能力和学业成就的基础上发展，因此他们可以达到甚至超越标准中学习目标的DOK水平。

• DOK教学过程的方向取决于标准需求、教学的内容和强度，以及学生能力。

• 知识深度要求我们在澄清和确认教学过程的认知要求时提出两个问题：具体是什么以及深度如何？

了解这些将有助于你规划和提供DOK教学过程，它们具有在学业上严谨、社会性和情感性上支持以及学生及时反馈的特点。

译后记

在翻译这本书的同时，我们的世界正在面临着一场由技术创新而带来的巨大变革，ChatGPT、Sora等生成式人工智能正在以前所未有的方式影响着教育的生态。这一新的机遇和挑战，不禁又让我们重新思考19世纪英国著名哲学家斯宾塞（H. Spencer）提出的重要命题"什么知识最有价值"。

对于这一个教育领域中的经典问题，不同的学者在不同的时代给出了不同的答案。当斯宾塞从知识门类的横向视角来讨论"最有价值的知识"的时候，布卢姆则在1956年提出了教育目标分类学，他为我们思考以上问题提供了认知水平的纵向视角。布卢姆的这一分类框架，从1990年左右开始启动修订工作，于2001年由安德森等人完成了新著出版。安德森等人最大的贡献在于将原有的认知水平调整为记忆、理解、应用、分析、评价和创造，全部采用动词形式；同时将"知识"单列一个维度，分为事实性知识、概念性知识、程序性知识和元认知知识。"最有价值的知识"因此也从静态走向动态的视角。韦伯则在布卢姆等人知识分类学的工作基础上提出了DOK的四个水平，关注学生除了获得表现行动能力以外，还获得了行为背后的思维技能和心智模式，这也为"最有价值的知识"的讨论提供了从外在行为转向内在心智的视角。

培养学生的深度学习能力远比获得简单的知识来得更重要，这一理念在当下以素养为本的教育改革中，已经获得了普遍认可。因此，如何为学生提供更高层次的认知活动和挑战，设计促进学生深度学习与思考的学习经验成为课堂教学改革的重要问题。教育管理者、教育研究者和学校教师对于这一改革的方向都有着高度的价值认同与实践共识。但在具体的"如何

解构知识深度
一种深入教学的方法与模型

提供丰富且深度的学习经验"问题上,一线教师似乎一直在探索切实可行的实践框架和操作方法。

本书就是在布卢姆经典的理论基础上,结合韦伯和赫斯的相关研究,提出了不同知识深度水平的学习,为设计并实施拓展的、深度的学生学习经验提出了具体可操作的实践框架和示例。DOK 为学生深度学习提供了一个重要的评估标准,可以更好地评估学生对于学习任务的深度理解和思考能力。它超越了以动词标识学习任务的难度,而是精准地判断任务背后所需认知活动的复杂性。诚如书中将不同 DOK 水平的学习用四种不同类型的电视节目进行类比,学习的层次性和丰富性变得更加容易理解,从而促进教学过程改进的实践,让学生拥有深度的学习经验。它不仅仅是一种评估工具,更是一种教学设计和评估的理论框架,已经在教育领域得到了广泛的应用和认可。

DOK 的教学价值是非常明显的,教师可以据此确定学生完成任务所需的认知深度,设计教学活动和评估任务。通过了解任务所需的认知活动的复杂性,教师可以更有效地调整教学策略,促进学生深度学习和思考能力的发展。此外,DOK 还可以帮助教师设计更准确和全面的评估工具,确保评估能够全面反映学生的学习成果。这也为教师带来了更高的教学要求和责任。教师需要深入理解 DOK 的概念和应用,能够根据学生的需求和学习目标设计差异化和个性化的教学活动,需要灵活运用不同的教学策略和评估方法,以促进学生的深度学习和思考能力的发展。此外,教师还需要与同事合作,共同研究和分享 DOK 的最佳实践,不断提升自己的教学水平和专业能力。

DOK 的学习价值也是非常明显的。DOK 提出了更高的认知要求和挑战,要求他们具备更高的自主学习和深度思考的能力。它强调了学习深度和复杂性的重要性,对学生学习提出了更高的认知要求。它鼓励学生积极主动参与学习过程,不断提高参与学习的认知水平,通过不断面对具有挑战性的任务和问题,学生可以提高他们的思维深度和广度,从而培养批判性思维和解决问题的能力。通过 DOK 的学习,学生不仅仅掌握了特定的知识和技能,更重要的是培养了持续学习和发展的态度和能力。他们会意识到学习是一个持续不断的过程,而不是一次性的任务。这种终身学习的意识将成为学生未来成功的基石,帮助他们适应不断变化的真实社会环境。

  在翻译这本书的过程中,我也与学校校长、一线教师分享这一 DOK 框架,得到了他们的关注与肯定。期待此书的出版,可以在新一版义务教育课程方案和课程标准颁布的背景下,为学校和教师对新课程方案中提出的新的改革要求做出回应。本书由何珊云翻译正文前的辅文、第九章和后记,张阳负责翻译第五章至第八章,浙江大学教育学院硕士研究生邱璐莹、沈演分别负责翻译第一章和第二章至第四章初稿。盛群力负责全书翻译策划和审订。

  限于本书译者的水平,文中不免有疏漏差错之处,还请读者多多指正批评。

何珊云
2024年1月